골드
플레이션

50년 만에 다시 돌아온 금과 은의 거대 상승장

골드
플레이션

양베리(조규원) 지음

GOLDFLATION

경이로움

우리나라 주요 귀금속 산업은 크게 금, 은, 백금, 팔라듐 등을 원재료로 사용해서 도금제 화합물과 타깃, 증착제로 활용하는 산업체 시장과 투자 목적의 골드바, 실버바, 백금바를 상품으로 취급하는 실물 시장, 주얼리 분야의 예물과 패션 주얼리로 구분되는 주얼리 시장으로 구성되어 있습니다.

　우리나라 귀금속의 각 시장 상황을 간략하게 정리해서 말씀드리면 이렇습니다. IT 강국인 우리나라가 산업체 시장에서 주로 사용하는 귀금속은 반도체에 사용하는 골드 와이어gold wire와 인쇄 회로 기판에 사용하는 금, 은, 팔라듐 도금제 화합물 등이 있습니다. 국내 산업체에서 전반적으로 쓰는 연간 금 사용량의 총량을 세계적으로 비교해보면 전 세계 7위 규모입니다.

실물 투자 시장의 귀금속은 매년 증가세를 보이는 골드바, 실버바, 백금바가 대표적인 예입니다. 한국금거래소는 2013년부터 국민은행을 시작으로 99.99%짜리 고순도의 골드바 및 실버바가 여러 은행의 투자 상품으로 자리매김하는 데 일조했습니다. 이후 40여 개 금융권(은행, 증권) 회사들이 한국금거래소의 귀금속을 위탁 판매함으로써 금과 은 투자의 양성화와 투자 저변 확대에 크게 기여하고 있습니다.

한편으로, 주얼리 시장은 금값의 상승으로 인해 저가형 패션 주얼리를 선호하는 심리가 나날이 높아지고 있습니다. 우리나라 주얼리 시장 규모는 약 5조 5천억 원 규모로, 손재주가 남다른 민족답게 값비싼 외국의 유명 브랜드와 치열하게 경쟁하고 있습니다.

이 책은 금과 은의 개념부터 시작해서 주로 투자 자원으로써 금과 은의 모든 것을 다룹니다. 금의 가치는 전쟁 등의 역사적 사건이 있을 때 더욱더 잘 드러납니다. 반면에 비트코인은 탄생한 지 10여 년밖에 되지 않은 자산으로 이전에 없던 새로운 현상입니다. 젊은 MZ 세대는 상대적으로 익숙하게 받아들이고 있지만, 사실 역사적으로나 전통적으로 금만큼 이미 증명을 마친 안전자산은 아닙니다.

역사가 증명하듯이 승자는 언제나 금이었습니다. 그래서 투자자들은 당연히 금을 더 선호합니다. 비트코인은 규제 문제를 해결한 후 생태계가 제대로 조성되면 금에 이어 상당한 안전자산의 지위를 누릴 수 있을 것으로 전망됩니다만, 아직은 금만큼의 지위를 갖지 못했습니다.

은은 앞으로 신사업 응용 분야의 수요 증가로 큰 수혜자가 될 것입니다. 또한, 전 세계적으로 재생 에너지, 특히 태양 에너지 사용량 증가, 탄소 배출 규제, 친환경 정책 등으로 은의 사용량은 앞으로도 계속 증가할 것입니다. 조 바이든Joe Biden 대통령은 기후 변화 문제를 최우선 과제로 삼았으며, 청정 기술로의 신속한 전환을 입법화하려는 확고한 의지를 밝혔습니다.

게다가 앞으로는 5G 시대인 만큼, 관련 기술 발전에 필요한 반도체 칩, 케이블 링, 미세 전자 기계 시스템Micro Electro Mechanical System, MEMS, 사물 인터넷Internet of Things, IoT 지원 장치와 같은 제품의 생산이 증가할 것이고, 이 모든 제품엔 은이 필요합니다. 신산업 분야인 만큼 엄청난 양의 사용처가 새롭게 생기는 것입니다.

결국 디지털 시대의 도래와 기후 변화로 인해 금과 은은 과거 그 어느 때보다 더 많은 쓰임새가 생겨날 것입니다. 금과 은은 분명한

골드플레이션

안전자산이며 장기적인 관점으로 적절한 투자를 한다면 차익 실현이 필연적으로 이루어지는 투자 자산입니다. 금과 은 투자에 관한 모든 것을 알고 싶은 분들에게 이 책을 추천합니다.

한국금거래소 전무이사 송종길

화폐의 가치가 폭락하고 있다

지금으로부터 100년도 더 전인 1913년에는 1달러만 있으면 허쉬 초콜릿을 무려 30개나 사 먹을 수 있었습니다. 하지만 지금은 어떤 가요? 1달러로는 맥도날드에서 스몰 사이즈 커피 1잔을 사 먹으면 끝입니다.

제가 고등학생이었던 약 10년 전에는 1만 원짜리 지폐 1장만 들고 친구들과 시내에 나가도 할 게 상당히 많았습니다. 밥을 사 먹고 피시방에 가서 게임도 하고 노래방에 가서 노래도 부르기에 충분한 금액이었죠.

하지만 이 책을 집필하는 지금 이 순간에 점심 식사로 짜장면을 배달시켜 먹기 위해서는 대략 1만 원이라는 돈이 필요합니다. 즉, 이제는 1만 원이라는 돈이 고작 밥 한 끼 먹으면 끝나는 돈이 되어 버렸습니다.

화폐에서 격세지감隔世之感을 느끼는 경우는 이외에도 많습니다. 예전에는 로또 1등에 당첨되면 인생 역전을 넘어서 죽을 때까지 돈 걱정하지 않고 살 수 있을 만큼의 큰돈을 받는다고 생각했습니다. 하지만 지금은 어떨까요?

요즘은 로또 1등에 당첨되면 이것저것 세금을 다 떼고 평균적으로 약 10억 원을 수령합니다. 그런데 요새 서울의 아파트 평균 가격이 약 12억 원(2022년 기준)이니, 1등 당첨금도 고작 서울 아파트 한 채를 사면 끝인 돈이 되어버렸죠.

다만 이렇게 보면 10억 원도 별거 아닌 돈처럼 보이지만, 막상 내 통장에는 1,000만 원도 없는 현실을 볼 때면 참 이상한 기분이 들고 때로는 억울한 감정마저 듭니다.

그러나 대다수의 평범한 소시민은 자기가 무슨 이유로 부자가 되지 못하는 것인지 정확하게 알지 못합니다.

마치 축구를 처음 해보는 사람이 축구 경기에 참여하게 되었을 때와 비슷한데요. 어떤 사람이 공을 손으로 잡길래 나도 손으로 잡았더니 심판이 나에게만 반칙을 선언합니다. 또 어떤 사람은 태클을 걸어서 상대방이 넘어졌는데도 옐로카드를 안 받지만, 내가 태클을 걸어서 상대방이 넘어지면 나만 옐로카드를 받습니다. 이런 상황에 놓인 당사자는 정말 억울할 것입니다.

사실 이런 상황에 놓인 근본적인 이유는 축구 경기의 '룰'을 몰랐기 때문입니다. 즉, 마찬가지로 우리가 이 세상을 살아가면서 부자가 되지 못한 이유는 이 세상의 룰을 몰랐기 때문이죠.

우리가 살아가는 세상은 자본주의를 기반으로 합니다. 당연히 자본주의의 룰을 이해해야만 시간이 지날수록 더 발전하고 한 걸음씩 부의 계단을 밟아나갈 것입니다. 반대로 자본주의의 룰을 이해하지 못하고 살아간다면 항상 억울하게 옐로카드를 받으며 점점 부자의 삶과는 멀어질 것입니다.

특히 지금은 모두가 체감하시다시피 화폐의 가치가 급격하게 폭락하는 시기이므로, 아무런 대응을 하지 않는다면 가만히 있었다는 이유만으로 그 어느 때보다 더욱더 가혹한 현실을 맞이할 수도 있는 시기입니다. 따라서 이 세상을 살아가는 우리 모두는 자본주의에 관해서 잘 이해해야 합니다. 특히 자본주의의 핵심인 '돈'을 잘 알아야 합니다.

저는 이 책을 통해서 여러분에게 돈은 무엇인지, 돈과 화폐는 무엇이 다르고 화폐는 왜 계속 늘어날 수밖에 없는 것이며 마지막은 결국 어떻게 되는지 등 자본주의 사회에서 가장 중요한 돈과 화폐에 관한 모든 것을 알려드리고자 합니다.

여러분이 이 책을 읽고 나면 억울한 상황은 더 이상 맞이하지 않게 되리라고 확신합니다.

자, 그럼 이제 우리를 괴롭혔던 이 세상의 실체를 직면하고, 이를 극복해봅시다.

차례

Part 1. 금과 은 투자

Part 2. 금과 은의 매수 타이밍

Part 3. 금과 은의 매도 타이밍

Part 4. 금과 은 투자 방법

Part 5. 금과 은에 관한 궁금증

금과 은
투자

'돈'과 '화폐'를 정확하게 이해하는 것은 우리가 살아가는 자본주의 사회의 '룰'을 아는 출발점입니다. 돈의 특성을 알면 진짜 돈이 무엇인지 알 수 있고, 인류의 화폐 역사를 살펴보면 반복되는 화폐의 사이클을 깨달을 수 있습니다. 자본주이 사회에서는 단순하게 누구보다 열심히 일하고 돈을 모은다고 해서 무조건 성공하지는 못합니다. 사회를 구성하는 룰을 깨달아야 손해를 보지 않고, 나아가 성공할 수 있습니다. 이번 파트에서는 돈과 화폐의 개념부터 시작해서 왜 금과 은 투자가 필요한지를 말씀드리고자 합니다.

Chapter 1

돈과 화폐

• 돈과 화폐의 개념

대부분의 사람은 '돈'이라고 하면 일반적으로 지갑 속에 있는 지폐나 계좌에 적힌 숫자를 떠올립니다. 조금 더 다양하게 생각하시는 분들은 미국의 달러$나 유럽의 유로화€, 일본의 엔화¥ 등 다른 나라들의 통화通貨들까지도 생각할 것입니다. 그런데 사실 그것들은 모두 돈이 아니라 화폐입니다.

우리는 분명 자본주의 시대에 살고 있지만, 자본주의의 가장 핵심인 '돈'과 '화폐'에 대해서는 너무나도 무지합니다. 각각의 개념을 명확하게 알지도 못할 뿐만 아니라 둘이 서로 다른 것인지조차 모르는 사람도 있죠.

이를 이해한다고 해서 사는 데 무슨 큰 도움이 되겠냐고 생각할 수도 있지만, 돈과 화폐를 명확하게 이해하는 것은 자본주의를 이해하는 데 가장 기초가 될뿐더러 우리가 이 세상을 살아가는 데 있어서 반드시 알아야만 하는 '룰'입니다. 더불어 이 책의 핵심인 금과 은 투자에서도 매우 중요한 개념이고요. 따라서 저는 가장 먼저 돈과 화폐를 명확하게 알려드리고자 합니다.

돈과 화폐는 도대체 무엇이며, 이 둘은 뭐가 다른 걸까요?

먼저 돈이라는 단어를 사전에서 찾아보면 이렇게 나옵니다.

> 돈: 사물의 가치를 나타내며 상품의 교환을 매개하고 재산 축적의 대상으로도 사용하는 물건.

그런데 화폐라는 단어를 찾아보면 약간 다르게 나오는데요.

> 화폐: 상품 교환 가치의 척도가 되며 그것의 교환을 매개하는 일반화된 수단.

두 단어 모두 가치를 나타낸다는 것과 교환을 매개한다는 설명은 동일합니다. 그러나 돈은 재산 축적의 대상으로 사용하는 물건

골드플레이션

이라고 설명하지만, 화폐는 그렇지 않죠. 뭔가 어려운 설명이 많이 쓰여 있는데, 쉽게 말해서 돈은 딱 두 가지만 기억하시면 됩니다.

첫 번째, 누구든 갖고 싶어야 한다.
두 번째, 가치가 훼손되면 안 된다.

구두 상품권을 예로 들어봅시다. 어떤 사람은 구두 상품권을 정말 갖고 싶겠지만, 다른 누군가는 딱히 필요하지 않을 수도 있습니다. 따라서 구두 상품권은 첫 번째 조건을 충족하지 못하기에 돈이 될 수 없습니다.

우리가 일반적으로 돈이라고 생각하는 원화^ₓ는 어떨까요? 신사임당이 그려진 5만 원짜리 노란색 지폐를 갖고 싶지 않은 사람이 있을까요? 적어도 우리나라 안에서는 거의 없을 것입니다. 그러나 만약 북한처럼 우리나라의 돈을 사용할 수도 없을뿐더러 환전조차 해주지 않는 국가의 사람들은 굳이 원화를 갖고 싶어 할까요? 아마 신문지보다 못한 물건으로 취급할 수도 있습니다. 그렇다면 우리나라의 원화도 엄밀히 따져보면 돈이 아니라고 볼 수 있겠죠.

그렇다면 국제적으로 가장 널리 알려진 돈인 달러는 어떨까요? 달러는 전 세계 다양한 국가에서 사용할 수 있고 환전이 안 되는 국가도 거의 찾아보기 힘들 정도이니 누구든 갖고 싶어 할 것입니다. 그렇다면 돈의 첫 번째 조건인 '누구든 갖고 싶어야 한다'라는 점은 충족합니다. 그런데 과연 두 번째 조건도 충족할까요? 즉, 달러는 절대로 가치가 훼손되지 않을까요?

우리가 쓰는 1만 원짜리 지폐를 생각해보면 답이 쉽게 나옵니다. 1만 원짜리 지폐는 많이 구겨지거나 더러워져도 웬만해서는 사용할 수 있습니다. 깨끗한 1만 원짜리 지폐와 구겨지고 더러워진 1만 원짜리 지폐는 같은 가치를 지니고 있으므로 가치가 훼손되지 않은 것처럼 보입니다. 또한, 은행 계좌에 있는 돈은 디지털상의 숫자이므로 애초에 썩거나 찢어지지 않아서 일견 안전해 보입니다.

하지만 예를 들어서 이렇게 생각해봅시다. 제가 10년 전에 핸드폰 1대를 샀습니다. 그리고 개봉하지 않고 그대로 둔 채로 10년이 지나면 그 핸드폰의 가격은 어떻게 변했을까요? 10년 전과 같은 가격일까요, 아니면 변했을까요? 분명히 가격이 내려가 있을 것입니다. 즉, 세월이 흐를수록 핸드폰의 가치는 확실하게 훼손된다는 것을 누구나 알고 있으므로 그 누구도 본인의 자산을 핸드폰으로 모아두는 사람은 없습니다.

달러도 마찬가지입니다. 같은 1달러라도 1913년에는 허쉬 초콜릿을 30개나 살 수 있을 정도의 가치를 지니고 있었지만, 지금은 맥도날드에서 스몰 사이즈 커피 1잔밖에 살 수 없을 정도로 가치가 떨어졌습니다. 즉, 달러나 원화와 같은 것들은 세월이 지날수록 가치가 점점 떨어지므로 엄밀한 관점에서 보면 돈이 아닙니다.

그렇다면 '진짜 돈'은 도대체 뭘까요? 진짜 돈은 바로 '금'과 '은'입니다. 첫 번째로, 금과 은은 누구든 갖고 싶어 합니다. 어느 나라에서든지 금과 은의 가치를 인정할뿐더러 심지어 아마존에 사는 원주민들도 금과 은의 가치를 인정합니다. 두 번째로, 금과 은은 지구에 매장된 수량이 한정되어 있으므로 가치가 훼손되지 않습니다.

이처럼 금과 은은 두 가지 조건을 모두 충족했기에 지난 5000년 역사 동안 돈으로써 사용되었는데요. 그렇다면 도대체 더 정확하게 어떤 이유로 수많은 물질을 제치고 오로지 금과 은만이 무려 5000년의 역사 동안 유일하게 돈으로 사용되었을까요? 이유는 정말 다양하지만, 큰 관점에서 네 가지 정도로 나누어볼 수 있습니다.

· 돈이 갖추어야 할 네 가지 조건

1) 한정성

첫 번째 이유는 바로 한정성限定性입니다. 만약 소금을 돈으로 쓴다면 사람들은 일해서 돈을 벌려고 하지 않고 바닷물을 말려서 소금을 생산해서 직접 돈을 만들 것입니다. 모두가 그렇게 한다면 소금이 너무 많아져 가치가 뚝 떨어질 것이고, 소금은 금방 돈으로써의 가치를 잃어버릴 것입니다. 하지만 금과 은은 우주에서 빅뱅이 일어날 때만 생겨납니다. 게다가 이 폭발은 우리가 사는 태양계의 생성보다 먼저 일어났고 다시는 반복되지 않을 것이므로 지구에 있는 금과 은의 양은 고정되어 있다고 봐야 합니다. 따라서 수량이 한정적이어야 가치가 훼손되지 않는데, 금과 은은 수량이 한정되어 있다는 점에서 돈으로써의 가치를 지녔습니다.

2) 불변성

두 번째 이유는 불변성不變性입니다. 돈인데 쉽게 녹아버리거나, 타버리거나, 혹은 시간이 지날수록 녹이 슬어버린다면 가치가 훼손되니 그 누구도 돈으로 사용하려 하지 않을 것입니다. 그러나 금은 아무리 시간이 지나도 전혀 변하지 않으므로 완벽하게 돈으로써의 가치를 지니고 있습니다. 은은 시간이 지나면 변색이 되기는 하나 잘 닦으면 다시 반짝거리며 본래의 색을 되찾으니 은 역시 이 조건을 충족합니다.

3) 안전성

세 번째 이유는 안전성安全性입니다. 돈인데 폭발의 위험이 있다든가 독성毒性이 있다면 당연히 사용할 수 없습니다. 그러나 금은 식용이 가능할 정도로 안전성이 뛰어납니다. 은 역시 식용이 가능할뿐더러 특이하게도 독극물에 순식간에 반응해 검게 변색하는 특성까지 있어서 왕족들이나 귀족들이 식기로 은그릇과 은수저를 많이 사용했을 정도로 안전성이 있습니다. 게다가 살균 효과도 갖고 있기에 안전성이 아주 뛰어난 물질이죠.

4) 분할성

마지막으로 네 번째 이유는 바로 분할성分割性입니다. 예를 들어서 다이아몬드를 돈으로 쓴다면 너무 딱딱해서 반으로 나누어서 사용할 수 없으니 사용할 때마다 불편하겠죠?

그리고 크기 대비 가치의 문제도 고려해봐야 합니다. 다이아몬드는 매우 큰 다이아몬드 1개와 같은 중량의 작은 다이아몬드 5개를 비교해보면 큰 다이아몬드 1개의 가치가 훨씬 더 높습니다. 그런데 돈은 100원짜리 10개와 1,000원짜리 1장이 같은 가치를 지녀야 합니다. 즉, 크기에 따라서 가치가 달라지면 안 되므로 분할성이 뛰어나야 합니다.

결국 수많은 원소 중에서 금과 은만이 이 모든 조건을 충족했으므로 지난 5000년간 돈으로써 사용될 수 있었습니다.

• 돈이 아니라 화폐가 필요한 이유

자, 이제 돈이 무엇인지에 관해서 확실하게 아셨을 텐데요. 그렇다면 화폐는 도대체 왜 생긴 것일까요?

사실 이런 완벽할 것 같은 돈에도 몇 가지 문제점이 있기 때문입니다. 일단 무거워서 휴대하기 불편하다는 문제가 있었고, 또 다른 문제는 도난이나 분실의 리스크가 있었습니다.

예를 들어서 다른 나라와 무역을 한다고 가정해봅시다. 배에 금과 은을 잔뜩 싣고 운반하다가 만약 배가 난파당한다면 순식간에 모든 돈을 잃습니다. 실제로도 이러한 문제가 종종 발생하다 보니, 사람들은 자기의 금을 안전하게 보관해줄 수 있는 기관에 금을 보관하고 보관증을 받기 시작했습니다.

그리고 이렇게 기관으로부터 받은 보관증은 다시 기관에 내면 언제든지 금으로 교환할 수 있어서 사람들은 곧 금 보관증을 금과 같다고 여기게 되었죠.

결국 시간이 지날수록 사람들은 굳이 보관증을 금으로 바꾼 다음에 그 금으로 물건을 사기보다는 그냥 보관증을 직접 교환하기 시작했습니다. 왜냐하면 그 보관증을 기관에 가져다주면 어차피 금으로 바꾸어줄 거라고 믿었으니까요.

바로 여기서 화폐가 나타났습니다. 금이랑 언제든지 교환할 수 있는 교환권이 바로 화폐였던 것이죠. 즉, '화폐'는 '돈을 담보로 한 교환권交換券'이라고 정의할 수 있습니다. 그래서 실제로 1971년 이전까지 미국의 달러에는 언제든지 금으로 교환할 수 있다는 문구가 적혀있었습니다.

지금까지 금이라는 진짜 돈과 이를 교환할 수 있는 교환권이 화폐라는 것을 설명했습니다. 이 이해를 바탕으로 현재 자본주의 세상이 어떻게 돌아가는지를 이해할 수 있는데요. 가장 먼저 화폐는

골드플레이션

왜 계속 늘어나고 또 물가는 왜 계속 올라가는지에 관해서 이해할 수 있습니다. 다음 챕터에서는 화폐가 끊임없이 늘어나는 이유부터 좀 더 자세히 설명해보겠습니다.

Chapter 2

화폐가 끊임없이 늘어나는 이유

· 돈의 치명적인 문제점

완벽할 것 같은 돈도 사실 문제점이 있습니다. 돈의 특성상 그 가치를 온전하게 보존하려면 앞서 말씀드린 대로 수량이 한정적이어야만 합니다. 그런데 수량이 한정되면 필연적으로 치명적인 문제점이 생겨납니다. 바로 유통량이 점점 줄어든다는 사실입니다.

쉽게 설명하기 위해서 예를 들어보겠습니다. 나라를 세우고 운영하는 게임이 있다고 가정해보죠. 여러분은 처음 게임을 시작해서 나라를 세웠습니다. 백성은 총 100명입니다. 그리고 정부(여러분)가 가진 금은 총 1,000개입니다. 그래서 공평하게 모든 사람에게 금을 10개씩 나누어줍니다. 그러면 사람들은 농사를 짓거나 나무를 베거나 자기 능력에 맞는 일을 하면서 물건을 생산하고, 그 상품을 다른 사람에게 판매하면서 더 많은 금을 벌고자 할 것입니다.

시간이 지날수록 어떤 사람은 물건을 정말 잘 팔아서 금을 많이 벌 것입니다. 그렇다면 금을 많이 번 사람은 그 금을 어떻게 할까요? 당연히 저축해둘 것입니다. 왜냐하면 앞으로 살아가면서 언제 어떤 일이 갑자기 생길지도 모르니 혹시 모를 상황에 대비하기 위해서는 돈을 모아두는 게 당연하니까요.

이렇게 돈을 잘 버는 사람들은 먹고사는 데 금을 지출하고도 항상 금이 남아서 계속 더 많은 금을 저축할 것입니다. 이렇게 생겨난 부자들이 금을 모으면 모을수록 점점 시중에 유통되는 금이 줄어들기 시작합니다. 왜냐하면 금의 총량은 애초에 1,000개로 한정되어 있으니까요. 이렇게 유통되는 돈이 점점 줄어들수록 그만큼 물건을 사려는 수요가 감소하므로 경기景氣가 점점 침체됩니다. 나중에는 굶어 죽는 사람들도 나오겠죠.

• **화폐는 곧 믿음**

자, 이것이 바로 돈이 가진 가장 큰 문제점입니다. 그렇다면 이 문제를 해결할 방법은 무엇일까요? 가장 쉽게 생각할 만한 방법은 당연히 금을 더 많이 캐서 국민에게 더 나누어주는 방법입니다. 그런데 금은 지구에 매우 한정적으로 매장되어 있을뿐더러 금을 캐는 과정도 어렵고 복잡하다 보니 많이 캐고 싶다고 해도 그렇게 할 수가 없습니다. 그렇다면 다른 방법을 써야 하는데, 그 방법이 바로 화폐를 이용하는 방법입니다.

계속 말씀드린 것처럼 화폐는 결국 금이랑 바꿀 수 있는 교환권입니다. 사람들은 화폐가 가볍고 안전하며 언제든 다시 금으로 바꿀 수 있는 교환권이라고 '믿기' 때문에 서로 금 대신 교환권인 화폐로 거래하게 되었습니다. 그러다 보니 실제로 교환권을 금으로 바꾸러 가는 사람의 비중은 점점 줄어들게 되었죠.

그런데 여기서 재미있는 현상이 생깁니다. 기관에서 실제로 가지고 있는 금보다 훨씬 많은 교환권을 만들어서 시중에 유통해도 사람들은 눈치채지 못한다는 사실입니다.

조금 더 쉽게 이해하실 수 있도록 한 가지 예를 들어보겠습니다. 우리가 마카롱 가게의 주인이라고 가정해볼게요. 우리 마카롱 가게는 마카롱 교환권을 판매하고 그것을 가지고 오면 언제든지 마카롱으로 바꾸어줍니다. 그런데 마카롱 교환권을 가진 사람들은 우리 가게에 교환권을 들고 오면 언제든지 마카롱으로 교환할 수 있다고 '믿기' 때문에 교환권을 사자마자 바로 마카롱으로 바꾸지 않고 나중에 마카롱을 먹고 싶어질 때까지 안 쓰고 갖고 있습니다.

이러다 보니 마카롱 교환권을 1,000개나 팔았어도 한 달 동안 실제 마카롱으로 교환하러 가게에 들어오는 교환권은 많아야 100개 정도였습니다. 이런 상황에서 우리 가게에 한 달 동안 마카롱을 만들 수 있는 재료가 총 1,000개 정도 있다면 마카롱 교환권을 몇 개까지 팔아도 무리가 없을까요?

시중에 유통되는 교환권 중에 많아야 10% 정도만 실제로 교환하러 온다면 1만 개의 교환권을 팔아도 실제로 교환되는 마카롱은 1,000개 이하이니 괜찮겠죠? 즉, 찾으러 오는 비중이 약 10%라면 실제 마카롱의 10배 정도의 수량까지는 교환권을 판매해도 상관없다는 것입니다.

여러분이 이를 이해했다면 지금 우리가 사는 자본주의 세상에서 돈이 어떻게 만들어지고 늘어나는지를 이해하게 된 것입니다. 마카롱을 금으로 바꾸어서 생각해보면 됩니다.

사람들이 금 대신 금 교환권으로 거래하기 시작하자 실제로 금을 찾으러 오는 사람의 비중은 크게 줄어들기 시작했습니다. 그로 인해 1년 동안 실제로 금을 찾으러 오는 사람의 비중이 최대 10%라면 1,000개의 금을 보관하는 사람(기관)은 1만 개의 금 교환권(보관증)을 만들어서 판매해도 문제가 되지 않는다는 것을 깨달았습니다.

그렇다면 9,000개의 금 교환권을 더 만든 만큼 그 교환권을 금이 필요한 사람에게 대출해줄 수 있겠죠? 게다가 금을 보관하는 사람은 금을 보관해주면서 받는 보관료에 더해서 대출 이자까지 받는다면 돈을 엄청나게 많이 벌 것입니다.

그런데 이런 상황이 지속되다 보면 금을 맡긴 사람 중에서 이 상황을 눈치채는 사람이 생겨납니다. 이 상황을 더 깊이 생각해보면 내 금을 가지고 남이 장사를 하는 꼴이니 기분이 나쁠 것입니다. 그래서 만약 이 사실을 수많은 사람에게 알리고 모두 한번에 금을 찾으러 가면 어떻게 될까요? 금을 보관하고 대출해주던 사람은 실제로 가진 금에 비해 너무나도 많은 교환권을 뿌린 만큼, 수요에 맞는 금을 모두 돌려주지 못해서 파산하게 될 것입니다.

이런 이유로 금을 보관하는 사람은 금을 맡긴 사람들에게 보관료를 받는 대신에 오히려 일정한 이자를 주게 되었습니다. 그래서 계속 금을 보관해줄 수 있게 되었죠. 반면에 금을 맡긴 사람은 어차피 내가 직접 갖고 있기에는 무겁기도 하고 도둑맞을 수도 있는 금을 결국 누군가에게 안전하게 맡기긴 해야 하는데, 다른 사람한테 맡기면 보관료를 내야 하지만 이자를 주는 사람한테 맡기면 오히려 돈을 받으니 얼마나 좋겠어요?

그래서 금 보관자(기관)들은 결국 금을 맡긴 사람의 금으로 다른 누군가에게 돈(교환권)을 대출해주고, 한편으로는 대출 이자를 받아서 예금한 사람에게 이자의 일정 부분을 나누어주게 된 것입니다. 현재 은행의 메커니즘과 같습니다. 그리고 그 과정에서 실제 돈의 총량에 비해서 화폐가 수십 배로 늘어나는 일이 벌어지는 것이죠.

또한, 이렇게 대출을 통해 화폐가 점점 늘어나는 기간에는 그만큼 없었던 수요가 많이 증가하므로 경제 발전 속도가 엄청나게 빨라집니다. 은행의 대출을 떠올려봅시다. 많은 사람이 무언가를 사기 위해서 은행에서 대출을 받습니다. 할부로 차를 살 때라든가, 대출을 받아서 집을 살 때라든가, 혹은 결혼할 때도 결혼식 비용을 지불하기 위해서 대출을 받습니다. 그 말은 원래는 그 물건을 살 능력이 없었던 사람이 대출로 능력을 갖추어서 사게 되는 만큼, 기존에 없었던 수요가 새로 생겨난다는 말과 같은 맥락입니다.

따라서 대출이 늘어나면 늘어날수록 없던 수요가 생겨나는 것이므로 경제 발전 속도도 훨씬 더 빨라집니다. 그러나 결국 돈은 곧 금이고, 금은 수량이 한정되어 있어서 대출도 어느 순간이 되면 한계치에 다다릅니다. 그렇게 되면 실제로 금을 교환하러 오는 사람에게 금을 바로 주지 못하는 일이 발생합니다.

점차 수많은 사람이 내 금을 돌려받지 못할 수도 있다는 것을 깨달을수록 금을 찾으러 오는 사람들도 늘어납니다. 그런데 교환권의 양은 금의 실제 총량보다 10배나 많으므로 대부분의 사람이 금을 돌려받지 못합니다. 그때부터 교환권의 가치는 급격하게 떨어집니다. 결국 종잇조각이 되어버리는 것이죠.

그냥 재미있는 한 편의 이야기 같으신가요? 그러나 이 이야기는 그간 우리 사회에서 화폐가 생겨난 역사와 화폐의 발전 과정을 요약한 실화입니다. 게다가 수천 년 동안 반복된 일이며 지금의 자본주의 사회를 근본적으로 구성하는 원리입니다.

· 달러의 몰락

1944년, 미국은 전 세계 금의 약 70%를 보유하고 있었습니다. 이런 이유로 미국의 화폐인 달러는 전 세계를 대표하는 화폐인 기축통화基軸通貨가 되었습니다. 하지만 미국은 대공황과 제2차 세계대전 당시에 보관 중인 금의 총량에 비해 너무나도 많은 화폐를 발행했습니다. 게다가 미국이 가진 금은 대부분 다른 나라의 금을 맡은 거라는 점도 문제였습니다. 그 금을 교환할 수 있는 교환권이 바로 달러입니다.

이처럼 미국이 가진 금에 비해서 너무 많은 달러를 발행하다 보니 전 세계 각국이 미국에 달러를 들고 가서 금으로 교환하기 시작했고, 이로 인해 미국의 금 보유량은 급격하게 줄어들었습니다. 결국 미국은 1971년경에 앞으로는 달러를 가져와도 금으로 교환해주지 못한다고 선언했습니다(닉슨쇼크nixon shock). 이때부터 달러의 가치가 급격하게 떨어지기 시작했습니다.

〈그림 1〉은 쉽게 말해서 100달러짜리 물건이 시간이 지날수록 얼마나 비싸졌는지를 한눈에 보여주는 그래프입니다. 그래프를 보면 1971년 이전까지만 해도 화폐의 가치가 어느 정도는 유지되었지만, 1971년 이후로는 화폐의 가치가 급격하게 하락했다는 것을 알 수 있죠. 이것을 확실하게 이해해야 합니다.

미디어에서 자주 언급하는 참 이상한 단어가 하나 있어요. 바로

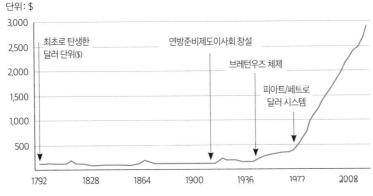

∘ 그림 1. 시대별 인플레이션에 따른 100달러 가치 변동 추이 ∘

출처: 미국 노동통계국Bureau of Labor Statistics, BLS

'물가상승률'이라는 단어입니다. 경제 뉴스에서 "물가상승률이 올랐다" 혹은 "물가상승률이 떨어졌다"라는 말을 다들 한 번쯤은 들어보았을 것입니다. 이미 단어 자체에 '상승'이라는 표현이 들어가 있으니 이 말을 바꾸어서 생각해보면 '결국 물가는 당연히 계속 오르는데, 다만 그 상승 속도가 빨라졌는가, 느려졌는가?'의 차이를 말하는 것입니다.

사실 생각해보면 참 신기합니다. 물가는 왜 오르기만 하는 것일까요? '새우깡'에 들어가는 새우가 어느 날 갑자기 랍스터로 바꾸어서 새우깡 가격이 계속 오르는 것은 아닐 텐데 말이죠.

앞에서 다룬 내용을 통해서 그 이유를 깨달을 수 있습니다. 화폐란 것은 한 번 발행해서 시중에 유통되기 시작하면 그 수량이 계속 늘어날 수밖에 없습니다. 그래서 당연히 화폐의 가치는 세월이 지날수록 계속 떨어질 수밖에 없고, 그로 인해 다른 물건의 가격이 오른 것처럼 보이는 것입니다.

결국 화폐는 돈이 가진 한정성이라는 특성 때문에 어쩔 수 없이 영원히 늘어나게 되면서 계속해서 가치가 떨어집니다. 그러다 어느 한계점을 넘어서면 한낱 종잇조각이 될 수밖에 없습니다.

따라서 화폐는 만들어지는 그 순간부터 종말을 향해가는 하나의 사이클이 시작되는 것이고, 이런 사이클이 지난 수천 년 동안 계속해서 반복되었다는 사실까지 이해한다면 앞으로 우리가 나아가야 할 방향을 정할 수 있습니다.

즉, 나중에 더 이상 대출이 늘어날 수 없는 한계점에 도달하면 사람들은 점점 진짜 돈을 찾게 될 텐데, 우리도 가짜 돈인 화폐보다 진짜 돈인 금과 은으로 갈아탄다면 내 자산을 온전하게 지킬 수 있습니다.

Chapter 3

화폐 위기를 기회로

· 화폐 위기의 역사

앞서 말한 것처럼 화폐는 태생부터 영원히 늘어날 수밖에 없습니다. 따라서 인류 역사상 모든 화폐는 시간이 지날수록 계속해서 가치가 떨어지다가 어느 한계점을 넘어서면 결국 한낱 종잇조각이 되는 역사가 반복되었습니다.

그러나 이렇게 말해도 우리가 이런 역사를 직접 경험해보지 않았다면 그저 지나간 일이라고 생각하거나 아직은 먼일이라고 생각하기 십상입니다. 하지만 사실 실제로 이런 일들은 지금도 우리 주변에서 크건 작건 매 순간 일어납니다. 그리고 이로 인해 우리는 상당한 피해를 보았습니다. 즉, 열심히 일해서 모은 화폐를 차곡차곡 저축한 바로 여러분이 그 누구보다 가장 큰 피해를 보았습니다. 누구보다 열심히 일하고 돈을 모았지만, 단지 자본주의의 룰을 몰랐다는 이유만으로 가장 큰 피해를 본 것입니다.

그리고 현재 큰 위기가 우리 앞에 다시 한번 찾아왔습니다. 이번에도 열심히 저축한 당신은 그 누구보다 처참한 손해를 볼 것입니다. 그렇다면 화폐 위기는 도대체 어떻게 우리에게 피해를 주는 것일까요?

• 문방구런

제가 아주 어렸을 때, 동네에 조그만 문방구가 하나 있었습니다. 그 문방구에는 가위바위보 게임을 할 수 있는 오락기가 있었는데요. 100원을 넣고 게임을 해서 이기면 메달이라고 불리는 동전을 얻을 수 있었습니다. 이 메달은 오로지 그 문방구에서만 사용할 수 있었는데, 메달 1개당 100원의 가치를 갖고 있었습니다. 메달로 문방구에서 어떤 물건이든 살 수 있었죠.

그러던 어느 날, 문방구 주인이 이벤트를 연다고 아이들에게 홍보했습니다. 가위바위보 오락기에서 메달을 얻을 확률을 대폭 늘렸다는 이벤트였습니다. 실제로 게임을 해보면 내가 넣은 돈보다 더 많은 메달을 따는 경우가 많았습니다. 1,000원을 넣으면 평균적으로 메달을 20개 가까이 얻을 수 있을 정도였죠.

그래서 저는 전 재산을 다 털어서 메달 100개를 모았습니다. 메달 100개면 그 문방구에서 약 1만 원의 가치인데, 제가 오락기에 넣은(투자한) 돈은 5,000원이 조금 넘은 정도였으니 횡재했다고 생각했죠. 특히 당시 제가 좋아하던 문방구 과자는 거의 다 100원 정도의 가격대라 저를 비롯한 아이들에게 메달 100개는 어마어마하게 큰 자산이었습니다.

그런데 다음 날 학교에 갔더니 아이들 사이에서 이상한 소문이 돌기 시작했습니다. 그 문방구가 곧 망할 거라는 소문이었는데요. 이때부터 저는 엄청난 공포에 휩싸이게 되었습니다. 왜냐하면 이 메달은 그 문방구에서만 사용할 수 있는 것이라 문방구가 망하면 이 메달도 쓸모없는 물건이 되기 때문이었습니다.

그래서 저는 수업이 끝나자마자 바로 문방구로 달려갔습니다. 이미 문방구 앞에는 소문을 듣고 찾아온 동네 아이들이 메달을 소진하기 위해 줄을 서서 기다리고 있었습니다. 한참 뒤에 제 차례가 되어서 문방구에 들어갔을 때는 이미 모든 물건이 다 팔려서 남은 게 거의 없는 상태였습니다.

그렇게 아무것도 구매하지 못하고 밖으로 나온 저는 더욱더 놀라운 광경을 보았습니다. 문방구 앞에서 저처럼 아무것도 구매하지 못한 친구들이 먼저 들어가서 물건을 구매한 친구들에게 흥정하는 상황이 펼쳐지고 있었던 것입니다.

이런 상황이 되니 메달의 가치가 계속 급격하게 변동했습니다. 100원짜리 과자를 얻기 위해 메달 20개를 내겠다고 하는 친구도 있었고, 30개를 내겠다고 하는 친구도 있었습니다. 물건을 가진 대부분의 아이는 어차피 쓰지도 못하게 될 메달이니 몇 개를 주든 안 바꾸겠다고 했지만, 어떤 아이들은 그 문방구에 있는 축구 오락기를 메달로도 게임을 할 수 있다는 점에 착안해 메달을 받고 자기가 가진 물건을 팔기 시작했습니다.

심지어 동네 슈퍼에서 산 과자를 메달을 받고 파는 아이도 있었습니다. 그 아이가 저에게 100원짜리 과자는 메달 10개를 줘야 팔거라고 해서 저도 이 친구에게 메달 100개를 주고 100원짜리 과자 10개를 받았던 기억이 있습니다. 제가 가진 메달은 어제와 변함없이 동일한 100개인데, 그 가치는 갑자기 1/10로 순식간에 토막 나버린 것이죠.

문방구의 물건은 수량이 한정되어 있습니다. 그런데 메달은 영원히 늘어날 수밖에 없습니다. 물론 처음에는 문방구의 물건보다 메달이 좀 많아진다고 하더라도 메달을 가진 아이들이 메달을 갖고 문방구에 가면 언제든지 물건과 바꿀 수 있다는 믿음이 있어서 메달을 바로 사용하지 않고 모아두었기 때문에 딱히 문제가 생기지 않았습니다. 그러나 결국 물건에 비해 메달이 너무 많아지는 시점에 모두가 그 사실을 깨닫게 된다면 메달의 가치가 크게 떨어지면서 메달을 가진 사람들이 크나큰 손실을 보는 것입니다.

저는 이 사건을 부실 은행에 돈을 예금한 예금자들이 대규모로 예금 인출을 시도하는 뱅크런^{bank run}과 비슷하다는 점에 착안해서 '문방구런'이라고 부르게 되었습니다. 그러나 사실 이런 현상은 화폐를 사용하는 우리 인류 역사에서 끊임없이 반복되는 일입니다.

· 화폐 위기와 금과 은 투자

2018년, 베네수엘라는 엄청난 물가상승을 겪었습니다. 이 당시 베네수엘라의 물가상승률은 1년에 약 6만 5,000%였는데요. 이 말은 1만 원이었던 치킨 1마리 값이 1년 뒤에는 650만 원이 되었다는 뜻이죠.

앞에서 말했던 논리를 적용하면 물가가 오르는 것은 치킨의 실제 가치가 폭등해서 가격이 오른 것이 아니라 돈의 가치가 떨어져서 가격이 오른 것처럼 보인 거라고 했습니다.

1만 원짜리 치킨값이 650만 원이 된 것을 뒤집어서 생각해보면 치킨 650마리를 살 수 있을 만큼의 돈을 갖고 있던 사람은 그냥 1년 이라는 세월이 지났을 뿐인데 갑자기 치킨 1마리밖에 못 사는 돈을 가진 사람이 된 것이죠.

여기서 중요한 것은 그 사람의 돈이 없어진 게 아니라는 것입니다. 그 사람은 아직도 통장에 650만 원을 그대로 갖고 있습니다. 다만 그 650만 원이라는 돈의 가치가 이제는 치킨 1마리 값밖에 안 될 정도로 가치가 떨어졌다는 것이죠. 물가가 1년에 650배 오른다는 말은 곧 돈의 가치가 1년에 1/650로 토막 난다는 뜻입니다.

물론 베네수엘라의 사례는 아주 극단적인 사례입니다. 하지만 이와 비슷한 일은 우리가 살아가면서 몇 번이나 경험했고, 또 지금도 겪고 있습니다.

1970년대 후반 미국의 물가상승률은 항상 10%를 넘었습니다. 만약 제가 이 시대에 살면서 아무것도 하지 않고 가만히 있었다면 제가 가진 돈은 매년 -10%씩 가치가 하락했겠죠.

1970년부터 1980년까지 미국의 물가 지수는 약 127%나 상승했는데, 이를 화폐 가치의 하락률로 표현하면 약 -56%가 하락한 것입니다. 분명히 내가 가진 돈은 그대로인데, 실질적인 돈의 가치는 절반 이하로 떨어졌다는 것이죠.

너무 옛날 일을 이야기하는 터라 실감하기 어려우실 것 같아서 최근 사례를 한번 살펴보고자 합니다. 2022년 2월을 기준으로 미국의 물가상승률은 약 7.9%입니다. 무려 40년 만에 최대치를 경신했습니다.

이처럼 우리는 엄청난 인플레이션 시대를 지금도 경험하고 있습니다. 이를 다르게 말하면 화폐의 가치가 무자비하게 폭락하는 시대를 살고 있다는 뜻이죠. 정도의 차이만 있을 뿐, 우리는 항상 화폐의 가치가 떨어지는 시대에 살고 있습니다.

특히 지금처럼 화폐의 가치가 크게 떨어지는 시기는 앞으로도 살아가면서 몇 번이고 또 만나게 될 것입니다. 이때 사람들은 무엇을 찾게 될까요? 화폐는 그저 돈을 담보한 교환권일 뿐이므로 지금처럼 화폐의 가치가 무자비하게 폭락하는 시기에는 당연히 진짜 돈인 금과 은을 찾게 될 것입니다.

실제로 1970년부터 1980년까지 금과 은의 가격 상승률을 한번 살펴보겠습니다. 금의 상승률은 약 2,500%였고 은의 상승률은 금보다 더 높은 약 3,100%였습니다. 해당 기간 동안 물가는 약 2배가 오른 데 반해서 금과 은은 각각 약 20배, 30배 상승했습니다.

화폐 위기는 분명 위기입니다. 그것도 가만히 있으면 큰 손실을 보게 될 위기입니다. 하지만 화폐 위기에서 진짜 돈인 금과 은으로 갈아타는 적절한 대응만 해준다면 오히려 엄청난 기회가 됩니다. 이 점을 명심해야 합니다.

그렇다면 무엇이 필요할까요? 화폐 위기가 언제 발생하는지 알아야 하고, 또 이런 시기에 언제 금과 은을 사야 하는지도 꼭 알고 있어야만 합니다.

덧붙여서 말하면 지금까지의 설명만 들으면 단편적으로 '물가가 많이 오를 때가 위기구나!'라고 생각하실 수도 있지만, 일단 이는 틀렸습니다. 최대한 쉽게 이해할 수 있도록 단순하게 설명해서 그렇게 생각하실 수도 있지만, 실제로는 물가가 많이 올라도 화폐 위기가 오지 않을 수도 있습니다. 또, 반대로 물가가 그렇게 크게 오르지 않았는데 화폐 위기가 올 수도 있습니다. 그래서 정확하게 언제 금과 은에 투자해야 할지 아는 것은 매우 중요합니다.

Chapter 4

기후 위기가 만드는
금과 은의 폭등

• 석유 시대의 종말

지난 100년간 우리는 화석 연료의 시대, 그중에서도 일명 '석유 시대'를 살아왔습니다. 그만큼 삶의 다양한 국면에서 석유 없이 돌아가는 것은 하나도 없을 정도로 석유에 의존해서 살아왔는데요. 전세계적으로 석유를 너무 많이 사용하다 보니 한때는 석유가 곧 고갈될 거라는 주장이 나오던 시기도 있었습니다. 저도 학창 시절에 앞으로 20년 후면 석유가 고갈될 거라는 내용을 배우기도 했죠.

하지만 이런 우려와는 다르게 새로운 석유 매장 지역이 계속 발견되고 또 석유 시추試錐 기술의 발전으로 그동안 채굴할 수 없었던 석유도 채굴할 수 있게 되었습니다. 그래서 이제는 우리가 죽을 때까지 써도 부족할 일이 없을 정도로 사용할 수 있는 석유량이 늘어났습니다.

그런데 이렇게만 보면 석유의 시대가 앞으로 영원할 것처럼 느껴지지만, 사실 앞으로는 석유 사용량을 줄여야 합니다. 죽을 때까지 써도 다 못 쓸 만큼 석유가 남아도는데 왜 석유의 시대를 끝내야 할까요?

바로 우리가 지난 세월 동안 석탄과 석유처럼 환경에 악영향을 끼치는 화석 에너지를 너무 무분별하게 사용해서 환경을 심각하게 파괴했기 때문입니다. 그동안 전 세계가 경제 발전에만 집중했던 터라 환경오염 문제를 등한시했던 영향이 큽니다.

•기후 위기의 시대

2018년, 한 편의 보고서가 전 세계 모든 국가의 환경에 관한 기존의 생각을 완전히 뒤바꿨습니다. 유엔 세계기상기구World Meteorological Organization, WMO와 유엔 환경계획United Nations Environment Programme, UNEP이 공동으로 설립한 기후 변화에 관한 정부 간 협의체Intergovernmental Panel on Climate Change, IPCC에서 발표한 〈지구 온난화 1.5℃global warming of 1.5℃〉라

는 제목의 특별 보고서가 그것입니다. 이 보고서의 내용을 최대한 비유와 요약을 통해서 쉽게 설명하고자 합니다.

지구는 우리의 몸과 같습니다. 우리가 살면서 하루쯤 술을 좀 많이 마셔도 간의 해독 작용 덕분에 시간이 지나면 몸이 다시 정상으로 돌아오는 것처럼, 지구 역시 어느 정도 환경오염이 발생하더라도 스스로 다시 정상으로 돌아가려는 능력을 갖추고 있습니다. 이를 자정작용自淨作用이라 합니다.

하지만 우리가 매일 하루도 안 빠지고 술을 만취할 때까지 마시면 간은 점점 제 기능을 잃게 되겠죠? 그러다 어느 한계점을 넘어가면 더 이상 간이 제 기능을 하지 못하고, 그로 인해 우리 몸은 정상으로 돌아가는 능력을 잃고 결국 죽음에 이릅니다.

지구도 그렇습니다. 특히 산업혁명은 환경오염을 폭발적으로 일으키는 기폭제가 되었습니다. 전 세계 각국은 산업혁명 이후로 엄청난 경제 발전 속도에 취해 환경오염이 심각한 수준에 이를 때까지 문제를 방치했습니다. 이로 인해서 지구의 평균 기온은 현재 산업혁명 이전보다 약 1.21℃ 높아진 상태인데요. 지구 자정능력의 한계점은 산업혁명 당시의 기온보다 2℃ 정도 높은 온도가 한계라고 합니다. 즉, 만약 지구 온난화로 지구의 평균 기온이 산업혁명 때보다 2℃가량 높아지면 지구는 자정작용 능력을 완전히 상실하면서 그곳에서 사는 인류도 멸망합니다.

따라서 인류가 생존하기 위해서는 최소한 평균 기온이 산업혁명 때보다 1.5℃ 정도 상승하는 선에서 더 이상의 오염을 막아야만 한다는 것이 보고서의 주된 내용이었습니다.

그런데 여기서 한 가지 더 충격적인 사실이 있습니다. 현재 속도 대로라면 2030년에는 이미 1.5℃ 상승을 넘어서게 된다는 사실입니다. 즉, 2022년을 기준으로 한다면 이제 한계에 도달하기까지 8년도 안 남은 만큼 우리는 더 이상 지체할 시간도, 여유도 없다는 것이죠.

술을 매일 마셔서 몸이 망가진 사람이라면 생존을 위해 가장 먼저 해야 할 일이 바로 술을 끊는 것이겠죠. 마찬가지로 지구의 온도가 올라가는 것을 막기 위해서는 지구 온난화의 주범인 화석 연료의 사용을 줄이는 것이 최우선입니다. 앞으로 더욱더 화석 연료의 사용을 줄이고 이를 대체할 에너지를 늘려야만 하는 이유가 여기에 있습니다.

보고서의 내용을 토대로 계산해보면 전 세계는 2030년까지 이산화탄소 배출량을 현재 대비 -45% 정도 줄이고 2050년에는 아예 제로로 만들어야 합니다.

전 세계가 느끼는 심각성의 정도가 커졌다는 것은 앞으로 반(反)환경적인 기업들에 대한 규제가 점점 더 강력해진다는 것을 의미합니다. 반대로 친환경적인 기업들은 국가 차원에서 전폭적인 지원을 받게 될 것입니다. 그렇다면 이런 기후 위기로 인한 패러다임의 변화는 금과 은에 어떤 영향을 미칠까요?

골드플레이션

· 기후 위기가 금과 은에 미치는 영향

1) 공급 측면

기후 위기가 금과 은에 미치는 영향의 정도를 알기 위해서는 일단 금과 은을 캐는 기업의 입장에서 생각해야 합니다. 금과 은을 캐는 과정은 필연적으로 상당한 환경오염을 동반합니다. 그래서 금광 기업들은 앞으로 상당한 규제를 받을 것입니다. 회사 규모도 크고 자본력도 충분한 기업은 공급이 다소 줄어도 채굴을 지속할 수 있지만, 세상에는 규모가 작은 광물 채굴 기업도 많습니다. 이런 수많은 기업은 규제가 강화되면 존폐 위기를 맞을 것이고, 실제로도 많은 기업이 파산할 것입니다.

세계에서 가장 큰 금광 기업 중 하나인 배릭 골드^{Barrick Gold} ^{corporation}는 최근 사업보고서를 통해 앞으로 광산 채굴 사업을 지속하기 위해 2030년까지 온실가스 배출량을 약 -30% 줄이는 것을 목표로 하는 세부 로드맵을 발표했습니다.

이들은 2050년까지 온실가스 순 배출량을 제로로 만드는 것을 목표로 막대한 자금을 투자하고 있습니다. 그러나 대부분의 금광 기업은 여유가 없어서 그런 준비가 되어 있지 않습니다.

즉, 앞으로 환경 규제에 대한 압박이 더욱 거세질수록 자연스럽게 금과 은의 공급은 줄어들 것이고, 공급이 줄어드는 것은 곧 금과 은의 가격 상승으로 이어집니다.

2) 수요 측면

전 세계가 탄소 배출량을 줄이기 위해서는 결국 화석 연료를 버리고 전기 에너지를 사용해야만 합니다. 이때 핵심인 전기가 가장 잘 통하는 원소가 바로 은입니다. 은은 모든 원소 중에서 전기 전도율이 가장 높습니다. 그래서 전기의 사용량이 늘어날수록 은의 사용량도 늘어날 수밖에 없습니다.

세계에서 가장 공신력 있는 귀금속 연구 컨설팅 회사인 메탈 포커스Metals Focus는 매년 귀금속 조사 보고서를 발표합니다. 이 보고서에 따르면 2021년 전 세계 은 수요는 약 10억 온스로, 2015년 이후로 6년 만에 최고치를 경신했습니다. 이 중에서 은의 산업 수요는 약 5억 2,400만 온스로, 이 부분 역시 신기록을 달성했는데요. 특히 태양광 관련 은 수요가 약 13% 상승해 약 1억 1,000만 온스를 넘었습니다. 이는 전 세계적인 친환경 정책의 흐름에서 은이 얼마나 중요한지를 보여줍니다.

이처럼 은의 수요가 공급량을 넘어서면서 이제 공급 부족 현상이 시작되었습니다. 그리고 2022년 4월에 발표된 2022년 전망치도 참고할 만합니다. 보고서에 따르면 2022년에는 태양광 발전 산업 규모가 더욱 커져서 은 수요 역시 작년에 비해 약 5% 더 증가해 약 11억 온스에 이를 것으로 전망된다고 합니다. 이것은 데이터를 기록하기 시작한 이래로 역사상 최고치를 경신하는 것입니다.

더불어 공급 부족도 더욱 커질 것으로 예상된다고 하는데요.

2021년에는 전 세계적으로 약 5,180만 온스의 은이 부족했지만, 2022년에는 이보다 더한 약 7,150만 온스의 은 공급 부족이 발생한다고 합니다.

요약하면 다음과 같습니다. 우리는 현재 기후 위기에 직면한 만큼, 생존을 위해서 앞으로는 화석 연료의 사용을 줄이고 친환경적인 전기 에너지의 시대로 넘어가야만 합니다. 이러한 과정에서 당연히 금과 은의 공급은 줄어들 수밖에 없습니다. 또한, 은의 수요는 더 많이 증가할 것이므로 앞으로 은은 엄청난 가격 상승 가능성을 가지고 있다고 볼 수 있습니다.

Part 2

금과 은의
매수 타이밍

세상의 모든 것은 크게 사이클의 관점에서 파악할 수 있습니다. 투자 또한 마찬가지입니다. 금과 은 투자도 사이클을 안다면 언제 투자하고, 어떻게 투자해야 하는지 그 길을 깨달을 수 있습니다. 이번 파트에서는 사이클의 개념, 나아가 금과 은 투자의 슈퍼사이클을 알려드리고 여러 가지 시그널을 통해 이 사이클을 파악하는 방법에 관해서 말씀드리고자 합니다. 그리고 왜 지금 금과 은에 투자해야 하는지 알려드리도록 하겠습니다.

Chapter 1

주식과 금의 관계

• 세상은 사이클의 반복

도로 위에서 운전하다 보면 이상하게 내가 가는 차로는 차가 꽉 막히는데 바로 옆의 차로는 안 막힐 때가 있습니다. 그러면 인내심이 가장 없는 사람부터 옆 차로로 옮겨가기 시작합니다. 그렇게 점점 많은 차가 옆 차로로 옮겨가면 이제 그 차로가 막히고 원래 막히던 차로는 안 막히는 현상이 생깁니다. 그러면 또 인내심이 없는 사람부터 다시 다른 차로로 차량을 옮기기 시작하면서 이런 현상이 무한 반복됩니다.

우리는 살면서 이런 상황을 이미 많이 봐왔습니다. 차로의 예와 비슷하게 패션도 돌고 돌죠. 노래 장르도 돌고 돕니다. 그리고 경제나 문화도 계속해서 돌고 도는데요. 이렇게 세상이 일정한 사이클로 돌고 도는 이유는 결국 이 세상을 움직이는 주체가 바로 우리 인간이기 때문입니다.

제가 대학교 졸업반일 때의 일입니다. 당시 제 친구들은 다들 취업 준비를 열심히 했습니다. 그러나 친구들이 아무리 노력해도 취업 시장의 경쟁이 너무 치열해서 취업이 어려워 다들 힘들어했습니다. 그런 친구들끼리 만나서 술이라도 한잔할 때면 다들 꼭 이런 말을 하곤 했습니다.

"난 진짜 취업만 하면 소원이 없겠다."

"회사에서 일하는 사람들 보면 너무 부럽다."

이후로 시간이 지나서 다들 대부분 어딘가에 취업하게 되었습니다. 몇 년이 지난 후에 다시 친구들을 만나서 이야기해보니 이번에는 한결같이 이렇게 말하더라고요.

"일하기 싫다." "놀고 싶다." "백수가 부럽다."

참 신기했습니다. 또, 더 시간이 흘러서 2020년 3월에 코로나 팬데믹이 터지고 나서는 많은 친구가 실업 급여를 받으면서 쉬게 되었습니다. 처음에는 하기 싫은 일도 안 하면서 돈도 받으니까 정말 행복해 보였는데 시간이 좀 지나니 "쉬는 것도 지겹다. 일하고 싶다"라는 말을 하더라고요.

골드플레이션

그렇습니다. 결국 인간은 이런 특성을 가진 존재입니다. 그래서 이 세상의 모든 것은 돌고 도는 사이클의 반복으로 이루어진 게 아닌가 싶습니다. 그리고 이 지점에서 우리는 '인간이 만드는 사이클'에 주목해볼 필요가 있습니다.

· 금융 자산과 실물 자산의 사이클

이 세상의 모든 것이 사이클을 이루는 것처럼, 경제도 사이클이 있습니다. 그래서 이 사이클의 원리를 투자에도 접목할 수 있습니다.

투자 자산을 크게 분류하면 두 가지로 나눌 수 있습니다. 바로 금융 자산과 실물 자산입니다.

먼저 실물 자산은 땅이나 건물, 그림, 금 등과 같이 말 그대로 실물인 자산을 의미하고, 금융 자산은 이러한 실물 자산과 대비되는 예금, 채권, 주식과 같은 자산들을 의미합니다.

사람들이 금융 자산을 선호해서 다들 주식에 투자하기 시작하면 점점 주식 붐이 커지다가 한계점을 넘어서면 주식 버블이 일어납니다. 그러다가 끝내 버블이 터지면 '아, 역시 실물이 최고구나! 금융 자산은 실체도 없으니 사이버머니랑 뭐가 달라?'라고 생각하면서 실물 자산으로 갈아타는 사람들이 생겨나죠.

그러나 그렇게 다들 실물 자산으로 갈아타면 이번에는 실물 자산이 너무 비싸지면서 이런 생각을 갖는 사람들이 늘어나게 됩니다. '주식을 사면 배당도 빵빵하게 주고 은행에 예금을 하면 이자를 주는데 이 비싼 실물 자산을 내가 왜 사야 하지?'

그렇게 서서히 실물 자산을 보유한 사람들이 다시 금융 자산으로 넘어가면서 금융 자산의 시대가 돌아옵니다.

투자 자산은 큰 관점에서 보면 이런 사이클이 무한 반복되고 있습니다. 그래서 이번 챕터에서는 투자 자산 사이클 분석을 통해서 지금은 무엇이 고평가되어 있고 무엇이 저평가되어 있는지를 판단할 수 있는 방법을 알려드리려고 합니다.

〈그림 2〉는 미국의 금융 자산과 실물 자산의 가격을 시대별로 비교한 그래프입니다. 그래프의 선이 위로 올라간다는 말은 금융 자산이 점점 비싸지고 있다는 뜻이고, 반대로 실물 자산은 저렴해지

° 그림 2. 시대별 미국 금융 자산과 실물 자산 가격 변동률 추이 °

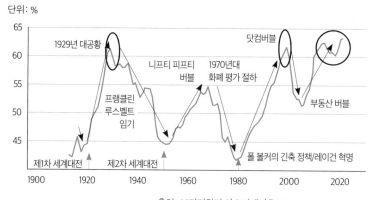

출처: 브리지워터 어소시에이츠Bridgewater Associates

골드플레이션

고 있다는 뜻입니다. 또한, 그래프의 선이 내려간다는 것은 금융 자산이 점점 저렴해지고 있고, 반대로 실물 자산은 비싸지고 있다는 뜻이죠.

그래프를 보면 한눈에 보이는 것이 있습니다. 바로 사이클입니다. 지난 100년만 보더라도 화살표 선으로 표시한 것처럼 금융 자산과 실물 자산이 일정한 주기를 갖고 서로 번갈아 가며 전성기를 맞는 사이클이 반복된다는 것을 알 수 있는데요.

일단 최대한 이해하기 쉽게 설명하기 위해 금융 자산의 대표로 주식을, 실물 자산의 대표로 금을 예로 들어서 다음의 〈표 1〉로 비교해서 이야기하도록 하겠습니다.

다만 표를 보시기 전에 한 가지 유의해야 할 점을 먼저 말씀드리겠습니다. 1970년 이전까지의 금 가격은 정부에 의해서 통제되던 상황이라, 표에서 1970년 이전까지는 금광 주식(금광주)의 주가로 금 가격의 상승률을 표시했습니다.

∘ 표 1. 시대별 주식과 금의 전성기 비교 ∘

	1920~1929	1929~1950	1950~1970	1970~1980	1980~2000	2000~2011	2011~2022(현재)
주식	644%	176%	1,223%	19%	3,485% (나스닥)	-33% (나스닥)	547% (나스닥)
금	25% (금광주)	1,000% (금광주)	-13% (금광주)	1,970%	-62%	607%	36%

출처: 롱웨이브 그룹Longwave Group, stooq.com

1) 1920~1929년: 경제 초호황(주식의 시대)

1920년부터 1929년까지는 앞의 〈그림 2〉에서 보이는 것처럼 선이 위로 상승하며 금융 자산의 전성기였습니다. 이때 금융 자산인 주식은 〈표 1〉에서 나온 대로 무려 약 644%나 상승했지만, 실물 자산인 금은 고작 약 25%밖에 상승하지 못했습니다.

2) 1929~1950년: 대공황(금의 시대)

이렇게 금융 자산의 전성기가 정점을 기록한 이후에 미국 역사상 가장 큰 경제위기인 대공황이 발생하며 주식 버블이 터지게 되었는데요. 이로 인해 주가 지수가 무려 약 -90%나 하락했습니다. 이런 상황이 되자 사람들은 실물 자산으로 갈아타기 시작했습니다. 이로써 1929년부터 1950년까지 주식은 고작 약 176%밖에 상승하지 못했지만, 금광주는 약 1,000% 가깝게 상승했습니다.

3) 1950~1970년: 니프티 피프티[1] 버블(주식의 시대)

1950년부터 1970년까지 실물 자산이 정점을 기록하자 다시 금융 자산의 시대가 도래했는데요. 대형 우량주를 중심으로 주식 버블이 일어났습니다. 이 기간 동안 주식은 약 1,200% 상승했으나 금광주는 약 -13% 하락해서 오히려 손실이 났습니다.

---

1 미국에서 기관투자자들이 가장 선호하는 50개 종목.

골드플레이션

4) 1970~1980년: 오일쇼크[2] (금의 시대)

계속 말씀드린 것처럼 금융 자산이 정점을 기록하면 주식 버블은 꺼지고 다시 실물 자산으로 수요가 옮겨가게 되는데요. 1970년부터 1980년까지는 오일쇼크oil shock(석유파동)와 스태그플레이션stagflation으로 인해 경기가 침체하고 주식 시장도 불황이던 시기였습니다. 그래서 이 시기에 주식은 약 19%밖에 못 올랐지만, 금 가격은 무려 약 1,900% 넘게 상승했습니다.

5) 1980~2000년: 닷컴버블 (주식의 시대)

이렇게 실물 자산의 시대가 또 끝에 다다르면 다시 금융 자산의 시대가 찾아오는데요. 이때부터는 인터넷의 등장으로 일명 닷컴버블dot-com bubble이라고 불리는 엄청난 주식 버블이 탄생했습니다. 이에 따라 1980년부터 2000년까지 기술주 중심의 나스닥 지수는 무려 약 3,400%가 넘게 상승하는 기염을 토해냈지만, 금 가격은 약 -62% 하락하면서 상당히 좋지 못했죠.

6) 2000~2011년: 닷컴버블 붕괴와 글로벌 금융위기 (금의 시대)

금융 자산의 전성기가 끝나면 언제나 그렇듯이 주식 버블이 터지며 다시 실물 자산의 시대가 도래합니다. 특히 2000년 닷컴버블의 붕

---

2 석유 공급 부족과 석유 가격 폭등으로 전 세계 경제가 큰 혼란과 어려움을 겪은 사건.

괴로 나스닥 지수는 무려 약 -70%로 폭락했고 그 이후인 2008년에도 글로벌 금융위기로 주식 시장이 또 한 번 반토막 나는 일이 발생했습니다. 그래서 2000년부터 2011년까지 주식 시장은 약 -33% 하락했지만, 금 가격은 약 600% 넘게 상승했습니다.

7) 2011~2022년: 현재(주식의 시대)

실물 자산의 시대가 지나가면 금융 자산의 시대가 오는 사이클이 반복된다고 말씀드렸죠? 2011년부터 2022년 현재까지 미국의 나스닥 지수는 쉬지 않고 상승하고 있습니다. 그로 인해 현재 주식 시장의 평가 지표들은 대부분 역대급 고평가 수준이라고 평가받고 있습니다. 따라서 우리는 이를 통해 현재 주식은 전성기의 끝에 와있으며 이 전성기가 끝나면 다시 금의 시대가 찾아온다는 사실을 자연스럽게 유추할 수 있습니다.

물론 그렇다고 해서 당장 내일부터 주식이 폭락하고 금이 폭등한다는 말은 아닙니다. 심지어 앞으로 주식이 더 올라갈 수도 있겠죠. 하지만 한 가지 확실한 것은 현재 금은 매우 저평가된 상태라는 것입니다.

만약 여러분이 지금부터 1개월 혹은 1년이라는 기간을 두고 무엇이 더 많이 오를지 선택해야 한다면 과연 어떤 자산을 선택하시겠습니까? 즉, 확신할 수는 없지만, 앞으로 10년을 두고 보았을 때

골드플레이션

주식과 금 중에서 지금 어떤 자산을 선택하는 것이 가장 현명한 선택일까요? 이처럼 현재 어느 자산이 고평가되어 있는지 알면 다음에 올 변화를 예측하고 대응할 수 있습니다.

Chapter 2

슈퍼 사이클 시그널 1 - 실질금리

· 화폐의 안정성에 따른 보유 여부

앞서 파트 1의 내용을 통해서 물가가 오르는 것은 물건의 가격이 오르는 게 아니라 화폐가 시중에 많이 유통되어서 화폐의 가치가 떨어져 상대적으로 물가가 오른 것처럼 보인다는 걸 말씀드렸습니다. 즉, 물가가 올랐다는 것은 사실 화폐의 가치가 떨어진 것이죠.

그런데 대부분의 사람은 자기 자산을 화폐로 갖고 있습니다. 화폐는 필연적으로 계속 늘어날 수밖에 없고 그로 인해 가치가 계속 떨어지게 되는데도 그냥 화폐로 보유하는 것입니다. 왜 그런 것일까요? 그 이유는 사람들이 화폐가 안전하다고 '믿기' 때문입니다.

만약 1년에 물가가 100%씩 상승해도 우리는 화폐가 안전하다고 생각할까요? 내가 가진 1,000만 원으로 1년 전에는 치킨 100마리를 사 먹을 수 있었는데, 1년이 지났더니 물가가 올라서 치킨을 50마리밖에 못 사는 상황이 되었다고 생각해봅시다. 그런데도 화폐가 안전하다고 생각할까요?

그렇지 않겠죠. 만약 이런 상황이 벌어진다면 우리는 가장 안전하다고 생각하는 것으로 우리의 자산을 바꾸어놓을 것입니다. 저는 가진 돈이 많은 편이 아니라 만약 이런 상황에 처한다면 미리 먹을 음식을 사놓는다던가 하겠지만, 수백억, 수천억 원을 가진 부자들이나 기업들은 어떨까요? 그들은 당연히 진짜 돈인 금과 은으로 바꿀 것입니다. 즉, 화폐가 안전하다고 믿을 때는 화폐로 갖고 있을 것이고, 화폐가 불안하다면 금과 은을 갖고 있을 것입니다.

여기서 우리가 한 가지 놓친 부분이 있습니다. 이 부분을 쉽게 이해하실 수 있도록 하나의 예시를 통해 설명하고자 합니다.

정말 아무짝에도 쓸모없는 보험이 하나 있다고 가정해봅시다. 이 보험에 가입하면 매달 보험료를 30만 원씩 내야 합니다. 이렇게만 보면 매달 30만 원씩 길바닥에 버리는 꼴이라 아무도 이 보험에 가입하지 않을 거로 생각하겠죠?

그런데 만약 정부가 이 보험에 가입한 사람에게 매달 50만 원씩 준다고 한다면, 그래도 사람들은 이 보험에 가입하지 않을까요? 이 보험이 실제로 좋고, 나쁘고는 아무런 상관이 없습니다. 결론적으로 사람들은 나에게 이득이 된다면 그 보험에 가입해서 계속 유지할 것입니다.

화폐도 마찬가지입니다. 화폐의 가치가 얼마나 하락하는지는 중요하지 않습니다. 예를 들어서 물가가 1년에 2배씩 상승합니다. 그런데 은행에 돈을 넣어두면 금리를 1년에 무려 400%나 준다고 합니다.

또 여기에 더불어서 정부가 이런 약속까지 합니다. "만약 물가가 여기서 더 오르면 무조건 물가상승률의 최소 2배 이상의 금리를 맞추어드리겠습니다"라고 하는 상황이라면 사람들은 화폐를 갖고 있으려고 할까요, 아니면 금과 은을 갖고 있으려고 할까요?

물론 극단적인 예시이지만 어쨌든 사람들은 당연히 화폐를 갖고 있으려고 할 것입니다. 왜냐하면 물가가 올라서 치킨값이 2배가 되었어도 예금해놓은 내 자산은 5배가 되어 있어서 오히려 실질적으로 내 자산의 가치가 늘어나는 상황이 되었기 때문이죠. 이런 상황에서 굳이 화폐를 대신해서 금과 은을 갖고 있으려는 사람은 없을 것입니다.

정리해보면 화폐의 보유 여부는 물가가 얼마나 오르는지와는 아무런 상관이 없습니다. 내가 화폐를 보유하고 있을 때 물가가 오르는 것보다 더 많은 이자를 받을 수 있다면 사람들은 화폐를 보유할 것입니다.

• 실질금리의 개념과 사이클

바로 이것이 금과 은 투자에 있어서 가장 핵심인 실질금리라는 것입니다. 실질금리를 정확하게 말하면 '명목금리－물가상승률'로 정의할 수 있는데요. 아까 말씀드렸던 것처럼 은행 금리에서 물가상승률만큼을 뺀 값이라고 생각하시면 됩니다.

만약 실질금리가 플러스 추세라면 내가 화폐를 보유하고 있어도 내 자산의 실질적인 가치가 상승하므로 사람들이 굳이 금과 은을 찾지 않을 것이고, 반대로 실질금리가 마이너스 추세라면 화폐를 보유하고 있을수록 내 자산의 실질적인 가치가 하락하므로 사람들은 화폐를 버리고 금과 은을 찾는 것입니다. 그래서 실제로 실질금리가 마이너스가 되었던 모든 시기에는 금과 은의 가격이 폭등하는 현상이 있었습니다.

이것을 실제로 직접 확인시켜드리기 위해서 지난 90년 동안의 실질금리를 보여드릴 텐데요. 다음의 그래프입니다.

〈그림 3〉에서 황갈색 선이 바로 실질금리입니다. 실질금리가 처음으로 마이너스를 기록한 시점과 최저점을 기록한 시점을 집중해서 보시면 됩니다. 먼저 그래프에서는 1934년에 처음으로 실질금리가 마이너스가 되었습니다. 이후 추세적으로 하락해 1947년에 실질금리가 최저점을 기록했습니다. 다음으로는 1970년에 실질금리가 마이너스가 되고 그 후로 1980년에 최저점을 기록했습니다.

◦ 그림 3. 90년간 실질금리 변동률 추이 ◦

단위: %

출처: 세인트루이스 연방준비은행Federal Reserve Bank of St. Louis

그다음은 2002년에 실질금리가 마이너스가 되고 2011년에 최저점을 기록했습니다. 그리고 마지막으로 2019년에 다시 실질금리가 마이너스가 되고 지금까지 하락 중이라는 것을 알 수 있습니다.

다음으로 지난 100년 동안의 금 가격 그래프를 보면서 실질금리가 처음으로 마이너스가 된 시점과 최저점을 기록한 시점에 금 가격은 어땠는지 살펴보겠습니다.

· 실질금리 마이너스 사이클과 금 가격 변화

〈그림 4〉에서 먼저 첫 번째로 실질금리가 마이너스가 된 1934년을 보시면 그때부터 금 가격이 상승했다는 것을 알 수 있습니다. 그리

골드플레이션

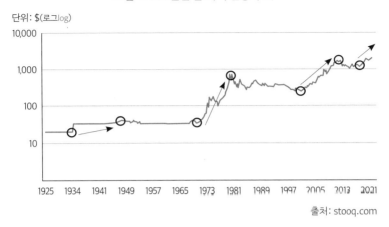

° 그림 4. 100년간 금 가격 변동 추이 °

단위: $(로그log)

출처: stooq.com

고 실질금리가 최저점을 기록했던 1947년에 정확히 금 가격도 최고점이었다는 것을 알 수 있죠. 물론 가격 자체는 얼마 오른 것이 아니라서 의아해하실 수도 있는데요. 이 시기는 시대적인 상황을 함께 고려해야 합니다.

이 당시는 정부가 금 가격을 강제로 고정했던 금본위제金本位制 시절이었습니다. 이때 실질금리가 마이너스 추세가 되자 대부분의 사람이 금을 찾게 되었습니다. 그러자 당시 대통령이었던 프랭클린 루스벨트Franklin Roosevelt 대통령이 행정 명령으로 모든 은행의 문을 닫아서 사람들이 금을 찾지 못하게 했습니다. 또한, 「금 보유법gold reserve act」을 만들어 금을 거래하거나 소유한 모든 사람이 큰 벌금을 내거나 징역형에 처하도록 강력하게 규제했죠.

그런데 이렇게 강하게 금 가격을 통제했는데도 불구하고 실질금리가 마이너스가 되면 고정된 금 가격도 결국에는 깨집니다. 이는 아주 중요한 사실입니다. 말씀드렸던 대로 시대적인 상황을 고려해 이 당시는 금 가격을 보기보다는 금광주의 주가를 보면 얼마나 금에 대한 수요가 몰렸는지를 알 수 있는데요. 〈표 1〉을 통해서 말씀드렸던 대로 해당 기간 동안 금광주는 약 1,000%에 이르는 상승을 했습니다.

이제 다음 사이클을 살펴보겠습니다. 1970년에 실질금리가 마이너스를 기록했던 시점 역시 금 가격의 거대 상승장의 시작점이었음을 알 수 있습니다. 그리고 실질금리가 최저점을 기록했던 때는 당연히 금 가격이 최고점이었습니다.

다음 사이클은 2002년입니다. 이 해에 실질금리가 다시 처음으로 마이너스가 되었는데요. 역시 마찬가지로 이때부터 금 가격이 상승하기 시작해서 실질금리가 최저점을 기록했던 2011년에 금 가격은 최고점을 기록했습니다.

그리고 마지막으로 2019년에 실질금리가 다시 마이너스가 되자 그때부터 금 가격의 거대 상승장이 시작되어 지금까지 지속되고 있습니다.

결론적으로 〈그림 3〉, 〈그림 4〉의 분석을 통해서 실질금리가 마이너스가 되면 돈의 실질적인 가치가 떨어지게 되므로 사람들은 돈에 대한 신뢰를 잃고 그로 인해 금을 찾는다는 것을 알게 되었습니다.

골드플레이션

그런데 여기서 한 가지 더 주목해야 할 점이 있습니다. 실질금리가 한 번 마이너스가 되면 추세적인 하락이 상당한 기간 동안 지속된다는 점입니다. 1934년부터 1947년까지의 사이클에서는 약 13년간 지속되었고, 1970년부터 1980년까지의 사이클에서는 약 10년, 그리고 2002년부터 2011년까지의 사이클에서는 약 9년간 지속되었습니다. 즉, 평균적으로 한 번 사이클이 시작되면 약 10년 정도 지속되었습니다.

따라서 금도 한 번 오르기 시작하면 평균적으로 약 10년간 상승한다는 것을 알 수 있습니다. 상당한 기간이므로 이를 거대한 상승 사이클이라는 의미에서 '슈퍼 사이클super-cycle'로 정의하고자 합니다. 이번에 시작된 금의 슈퍼 사이클은 2019년부터 시작했으므로 이때부터 약 10년을 더해보면 2029년 정도까지는 계속 상승할 거로 예측해볼 수 있습니다. 따라서 현재는 다시 슈퍼 사이클의 초입부에 있는 상태이고, 앞으로 더욱 거대한 상승이 남아있는 것이죠.

• 실질금리 마이너스 사이클과 은 가격 변화

그렇다면 은은 어땠을까요? 〈그림 5〉는 금본위제가 폐지된 이후의 은 가격 그래프입니다. 앞서 말씀드린 대로 〈그림 3〉, 〈그림 4〉의 분석을 통해서 실질금리가 처음으로 마이너스가 된 시점은 금 가격

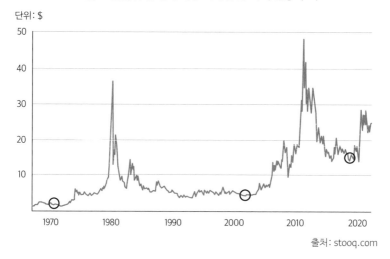

◦ 그림 5. 금본위제 폐지 이후 시대별 은 가격 변동 추이 ◦

단위: $

출처: stooq.com

이 거대하게 상승하는 슈퍼 사이클의 시작점이었다는 것을 알 수 있었습니다.

그런데 은은 금과는 다르게 실질금리의 최저점이 항상 은 가격의 최고점은 아닙니다. 그래서 은의 매수 타이밍은 금과 똑같지만, 매도 타이밍은 금과 다릅니다. 이 내용은 매도 타이밍을 주제로 다루는 파트 3에서 더 자세하게 설명하도록 하겠습니다.

이렇게 실질금리와 금과 은 가격의 상관관계에 대해서 이해하셨다면 나중에 중앙은행이 기준금리를 올리는 시기가 되었을 때 이런 생각을 하실 수도 있겠습니다. '실질금리는 금리에서 물가를 뺀 것이니, 금리가 올라가면 실질금리도 오르겠구나! 그러면 금 가격은 앞으로 떨어지겠네?'라는 생각 말입니다.

골드플레이션

언뜻 보면 맞는 말처럼 느껴집니다. 실제로 이렇게 주장하는 사람들도 있습니다. 하지만 실제로는 전혀 그렇지 않은데요. 일단 먼저 금리를 인상할 때 금 가격이 어땠는지를 다음의 〈그림 6〉을 통해서 확인해본 후에 왜 대부분의 사람이 알고 있는 것과 반대로 움직이는지를 말씀드리고자 합니다.

〈그림 6〉은 금 가격이 변동할 수 있게 된 1971년 이후로 모든 금리 인상기를 표시한 그래프입니다. 음영으로 강조한 구간(금리 인상기)에 있는 금 가격(회색 선)을 보시면 대부분의 금리 인상 시기에 오히려 금 가격은 상승했다는 것을 알 수 있습니다. 총 아홉 번의 금리 인상 사이클에서 다섯 번은 상승했고 세 번은 횡보했습니다. 그리고 하락한 적은 딱 한 번밖에 존재하지 않았죠.

∘ 그림 6. 시대별 금 가격 변동률 추이 및 금리 인상기 ∘

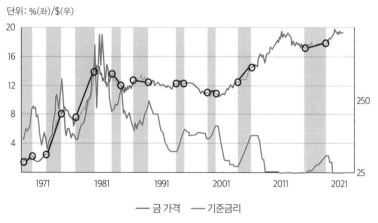

출처: 미국 연방준비은행 경제 데이터Federal Reserve Economic Data, FRED, stooq.com

이걸 보면 '금은 이자나 배당도 안 주는데, 금리가 인상되면 은행의 예·적금은 이자가 오르니 오히려 금에 투자한 사람들이 금을 팔고 예·적금에 가입해야 하는 것 아닌가? 왜 오히려 금을 더 많이 사서 금 가격이 올랐지?'라는 생각이 드실 거예요.

이제 그 이유에 대해서 말씀드리고자 합니다. 금리라는 것은 중앙은행이 올리고 내리기 때문입니다. 이 부분을 쉽게 이해할 수 있게 버스로 예를 들겠습니다.

우리가 버스 안에 서 있는 승객이라고 가정해봅시다. 그런데 버스 기사님이 멈출 때는 급브레이크를 콱 밟고, 출발할 때는 액셀을 콱 밟아버리면 미처 대비하지 못한 대부분의 승객은 넘어지고 다칠 것입니다. 그러면 그 책임을 누구한테 물을까요? 당연히 버스 기사님한테 물을 것입니다.

따라서 노련한 버스 기사님이라면 신호에 걸린다든지 정류장에다 와 가면 천천히 속도를 줄임으로써 승객들이 '아, 이제 곧 차가 멈추는구나!'라고 생각하고 대비할 수 있도록 여유를 줍니다. 그러면 승객들은 다리에 힘을 주거나 손잡이를 꽉 잡는 등 상황에 맞게 대비할 것입니다. 반대로 출발할 때도 마찬가지고요.

물론 급브레이크를 밟지 않으면 다른 차와 충돌한다든지, 아니면 낭떠러지로 떨어진다든지 하는 더 큰 사고가 날 수밖에 없는 상황일 때는 승객들이 좀 다치더라도 오히려 그냥 급브레이크를 밟는 게 맞겠죠.

바로 이것입니다. 중앙은행은 경제라는 버스를 운전하는 버스 기사님입니다. 승객들이 다치지 않게 하기 위해서는 출발할 때도 천천히 부드럽게 출발하고 정지할 때도 천천히 부드럽게 정지해야 겠죠.

〈그림 7〉은 미국의 기준금리를 나타낸 그래프입니다. 그래프를 보면 실제로 기준금리는 한 번 올리기 시작하면 계속 올리고 한 번 내리기 시작하면 계속 내린다는 것을 알 수 있죠. 다른 나라도 마찬가지입니다.

그러면 금리는 언제 올리게 될까요? 금리를 올리는 것은 크게 다음의 두 가지 경우입니다. 첫 번째, 경제가 상당히 활황活況인데 이 상황이 앞으로도 쭉 지속되어서 경기가 과열 상태에 이를 것으로 판단할 때, 두 번째, 물가가 너무 가파르게 상승하는데 이게 앞으로

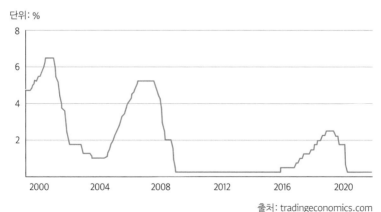

◦ 그림 7. 시대별 미국의 기준금리 변동률 추이 ◦

단위: %

출처: tradingeconomics.com

도 지속되어서 더 높아질 것으로 판단할 때입니다. 중앙은행은 이 두 가지 상황에 금리를 올립니다.

여기서 중요한 것은 '경제가 활황이다'와 '인플레이션이 높다'가 아닙니다. '이런 상황이 앞으로도 지속될 것이고 더 심해질 것이다'라고 판단했을 때 금리를 올린다는 것이 중요합니다. 따라서 과거에 금리를 인상했던 시기 중에서도 물가가 가파르게 상승하는 시기였을 때는 금 가격이 올랐던 것이고, 경제의 활황이 더욱더 가속화되는 시기였을 때는 주식 가격이 올랐던 것이죠.

때에 따라서 경기도 활황이고 물가도 가파르게 올라서 금과 주식이 동반으로 상승하는 때도 있었지만, 경기와 물가의 가파른 상승이 지속될 때 중앙은행이 금리를 인상하면 대개 둘 중 하나만 가파르게 상승하곤 했습니다.

이를 바탕으로 〈그림 6〉을 다시 분석하면, 금 가격은 실질금리에 가장 큰 영향을 받는데, 대부분의 금리 인상기에는 물가상승률도 너무 가팔라서 오히려 금 가격이 상승했던 적이 더 많았다는 것입니다.

앞서 언급한 오해와 비슷한 오해가 하나 더 있습니다. 물가상승률이 올라가면 금 가격 상승에 좋을 것이라고 단순하게 생각하는 사람들이 많습니다. 그래서 "만약 물가상승률이 마이너스가 되면 물가가 하락한다는 것이고, 그 말은 화폐의 가치가 상승한다는 것이니 금 가격 상승에는 악영향을 미칠 것이다"라고 주장하는 사람

	1921~ 1922	1927~ 1933	1938~ 1939	1949	1955	2009
물가상승률	-16%	-25.7%	-3.5%	-1.2%	-0.4%	-0.4%
금 가격 상승률	0%	70%	0%	-3.5%	-0.2%	23.7%
실질수익률	16%	95.7%	3.5%	-2.3%	0.2%	24.1%

출처: stooq.com, 미국 노동통계국

들이 많습니다. 그러나 이것도 상당한 오해입니다.

이것을 확인해보기 위해서 제가 1913년부터 현재까지 디플레이션deflation 기간이었던 모든 시기에 금 가격이 어땠는지를 〈표 2〉를 통해 직접 분석해보았습니다.

〈표 2〉를 보면 사실 1970년 이전에는 금본위제였기 때문에 금 가격의 변화가 거의 없었지만, 그런데도 가장 디플레이션이 극심했던 1927년부터 1933년까지의 시기, 즉 미국의 가장 큰 경제위기인 대공황 시기에 금 가격이 크게 올랐다는 것을 알 수 있습니다. 또한, 2009년 글로벌 금융위기가 있었던 시기에도 금 가격이 1년 만에 약 20% 넘게 상승했죠.

그런데 더 재미있는 점은 금의 실질수익률입니다. 디플레이션은 말 그대로 물가가 떨어지는 시기인데요. 이런 상황에서는 금 가격의 상승률이 0%라고 하더라도 디플레이션으로 인해 높은 실질수익률을 기록하게 됩니다.

예를 들어서 만약 금 1개당 5,000원이라고 가정해봅시다. 그런데 1년이 지났는데 디플레이션으로 인해 모든 물건의 가격이 전부 반토막이 되었습니다. 하지만 금의 가격 상승률이 0%라 금은 여전히 1개에 5,000원이라면 우리는 똑같은 금으로 이전보다 2배나 더 많은 물건을 구매할 수 있습니다.

바로 이것을 실질수익률이라고 부릅니다. 실질수익률은 해당 기간 동안의 수익률에서 물가상승률을 뺀 것을 의미합니다. 실제로도 대부분의 디플레이션 기간 동안 금 가격이 내려간 적은 드물었고, 내려갔을 때도 그 폭이 상당히 적은 편이라 실질수익률은 오히려 플러스가 되는 현상이 일어났습니다.

따라서 1949년을 제외한 모든 디플레이션 시기에 금 투자는 아주 의미가 컸다고 볼 수 있습니다. 그리고 여기서 다음 그래프를 통

∘ 그림 8. 대공황 시기의 미국 주식 및 금광 기업 상승률 비교 ∘

단위: %

출처: 롱웨이브 그룹

골드플레이션

해서 하나만 더 추가로 설명해드리고자 합니다.

〈그림 8〉의 그래프에서 나온 것처럼 주식 시장을 대표하는 지수인 다우 지수를 확인해보면 미국 역사상 가장 큰 경제위기였던 대공황 시기에 주식 시장은 약 -73%나 폭락했습니다. 그 말은 대부분의 기업이 파산했다는 뜻인데요. 그런데 이 시기에 금광 기업들은 오히려 400~500% 넘게 상승했습니다. 이는 그만큼 금의 수요가 엄청났다는 것을 보여줍니다.

분명히 금은 인플레이션 헤지hedge3 자산입니다. 그런데 어째서 디플레이션에서도 이렇게 좋은 투자 자산일까요? 그 이유는 뒤에서 더 자세하게 말씀드릴 예정입니다만, 여기서 먼저 간략하게 설명해드리면 다음과 같습니다.

디플레이션은 경제에 있어서 큰 위기 상황입니다. 이러한 위기 상황에 처하면 이 상황을 벗어나기 위해 정부는 경기부양책, 즉 시중에 돈을 열심히 풀어주는 방법을 씁니다. 이번 코로나 팬데믹 시기를 생각해보신다면 금방 이해하실 수 있는데요. 정부 측에서 금리도 내리고 재난지원금도 뿌려주면서 경기를 부양하려고 애를 썼죠. 이 말은 돈이 시중에 엄청나게 유통된다는 뜻입니다. 결국 이런 시기에 금의 가치는 상대적으로 올라갑니다. 따라서 경제위기 상황에 대비할 때도 금은 제 역할을 충분히 할 것입니다.

---

3 가격 변동 시의 리스크를 선물의 가격 변동으로 상쇄하는 현물 거래.

Chapter 3

슈퍼 사이클 시그널 2 – 생산량

· 공급 대란

2020년 3월, 코로나 팬데믹이 극심해지면서 사람들의 마스크 수요가 폭증했습니다. 그러나 수요에 비해 공급이 턱없이 부족해 어느 약국에 가도 마스크는 품절 상태인 경우가 대부분이었습니다. 그러자 중고 시장에서 거래되는 마스크 가격이 천정부지天井不知로 치솟았습니다.

이처럼 우리는 공급이 가격에 영향을 미치는 일을 수없이 많이 경험했습니다. 하지만 이런 공급 문제도 결국은 금방 해소되기 마런인데요. 앞서 예로 들었던 마스크도 마찬가지입니다. 마스크 수요가 폭증하니 기업들이 마스크 생산을 대폭 늘려서 결국 지금은 마스크 가격이 정상적으로 돌아왔습니다.

또 이와 비슷하게 매년 조류독감이나 구제역으로 닭과 돼지가 많이 죽어서 공급 부족으로 가격이 치솟는 일도 종종 발생하지만, 닭고기는 닭을 1개월만 기르면 되고 돼지고기는 돼지를 6개월만 기르면 되는 터라 시간이 조금만 지나면 금방 공급이 채워져 가격도 제자리로 돌아갑니다.

이처럼 공급은 분명 가격에 큰 영향을 미치는 요소는 맞지만, 공급 부족이 언제 일어나는지 예측하기 어렵고, 또 이런 문제가 발생해도 기업들이 생산을 늘려서 문제를 금방 해소하니 일견 공급에 대한 측면이 중요하지 않은 것처럼 보일 수도 있습니다.

· 금과 은의 생산 과정에 따른 특성

그러나 금과 은은 좀 다릅니다. 금과 은은 돼지고기나 닭고기처럼 금방 생산할 수 있는 것이 아니다 보니 공급이 가격에 미치는 영향이 분명하고 또 중요합니다.

이를 이해하기 위해서는 먼저 금과 은이 어떻게 만들어지는지에 관해서 이해해야만 하는데요. 저도 금과 은의 생산 과정을 잘 몰랐을 때는 '산에 가서 곡괭이로 그냥 캐내면 되는 것 아니야?'라고 생각했지만, 실제로는 아주 복잡한 과정을 거쳐야만 합니다.

금과 은을 채굴하기 위해서는 가장 먼저 금이 많이 매장되어 있는 금광을 탐사해야 합니다. 탐사를 통해서 금이 많은 곳을 몇 군데 찾고 나면 그중에서 금이 많은 곳을 무작정 캐는 것이 아니라 금을 캐는 데 드는 비용과 캐낸 금의 가격을 비교해서 수익성이 얼마나 날지를 따져보는 과정을 거쳐서 먼저 수익성이 좋은 금광을 선정합니다.

그다음부터는 바로 곡괭이를 들고 금을 캐면 될 것 같지만, 사실 아직은 그럴 수 없습니다. 왜냐하면 금을 캐는 일은 하루아침에 끝날 일이 아니고 최소 몇 년 이상은 해야 하는 일이라 해당 금광 주위에 수많은 인프라부터 먼저 지어놓아야 합니다. 예를 들어서 금을 옮길 수 있는 철로라든가 인부들의 숙식을 해결해줄 숙소 등이 있어야 오랫동안 금을 캘 수 있습니다.

금광 주변에 인프라까지 구축하고 나면 이제 정말 금을 채굴하는 과정에 들어갑니다. 우리가 만화에서 금을 캐는 장면을 보면 금광에서 반짝반짝한 금을 캐내는 걸로 보이지만, 현실은 그렇지 않습니다. 실제로는 금을 포함한 다양한 광물들이 포함된 원석을 캡니다. 이 안에는 금도 있고 은이나 구리 등 다양한 광물들이 같이 섞여 있습니다. 이렇게 캐낸 원석을 정제하는 과정을 거치고 나서야 비로소 진짜 금이 시장에 나오게 되는 것입니다. 듣기만 해도 참

82

어렵고 복잡하죠?

　이처럼 실제로 금을 채굴하는 일은 매우 어렵고 복잡합니다. 또 시간도 정말 많이 걸리고요. 금과 은은 이러한 독특한 특성으로 인해 공급 측면에서도 상당한 의미를 갖게 됩니다.

· 금과 은 공급의 추세성

여러분이 금광 기업을 운영한다고 가정해보겠습니다. 최근 금 가격이 좀 많이 올랐습니다. 그러면 금 생산을 늘리고 싶겠죠? 그런데 지금부터 금 생산량을 늘리기로 결정해도 금이 실제로 세상에 나오게 되는 것은 약 10년 후입니다. 당연히 10년 후의 금 가격을 지금 예측할 수는 없습니다. 이런 상황에서 지금 금 가격이 좀 올랐다고 해서 금 생산을 확 늘리기로 결정할 수 있을까요?

　이는 도박에 가까운 행위입니다. 그래서 모든 금광 기업은 수익성이 좋을 때는 생산량을 조금씩 천천히 늘려가고, 수익성이 악화되면 다시 생산량을 천천히 줄여갑니다.

　실제로 금의 생산량을 보면 상승이나 하락이 매우 긴 추세성을 갖고 있다는 것을 알 수 있습니다. 〈그림 9〉는 지난 300년 동안의 금 생산량을 제가 직접 조사해서 만든 그래프입니다.

　〈그림 9〉를 보면 제 이야기를 바로 이해하실 수 있습니다. 금 생

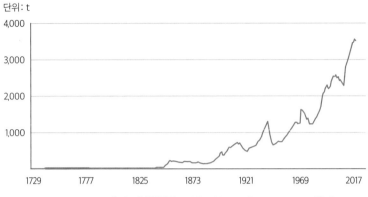

° 그림 9. 300년간 금 생산량 변동 추이 °

단위: t

출처: 세계금협회World Gold Council, WGC, ourworldindata.com

산량은 증가나 하락 시기 모두 긴 추세를 거칩니다. 하락 기간이 짧은 것처럼 보일 수도 있지만, 말씀드렸던 것처럼 300년이라는 긴 기간을 기록한 그래프이기에 실제로 하락한 기간은 약 10년 정도로 상당히 깁니다. 즉, 금은 앞서 말씀드렸던 대로 채굴 과정이 길다는 독특한 특성 때문에 가격의 상승 추세와 하락 추세가 매우 길고 분명합니다.

이런 특성을 바탕으로 고려해보면 금에 투자하기 가장 좋은 시기는 언제부터일까요? 가격은 수요와 공급에 따라서 결정되는데, 공급이 줄어들수록 가격이 오르므로 당연히 금의 생산량이 계속 늘어나다가 최고점을 기록하고 하락하기 시작한 순간이 금에 투자하기 가장 좋은 시기일 것입니다.

〈그림 10〉에서는 금 가격이 고정되어 있던 시절을 제외한 1970년

골드플레이션

◦ 그림 10. 시대별 금 가격과 금 생산량 변동 추이 ◦

단위: $(좌)/t(우)

── 금 가격   ── 금 생산량

출처: stooq.com, ourworldindata.com

이후의 금 가격과 금 생산량을 합쳐서 하나의 그래프로 보여드리겠습니다.

〈그림 10〉에 따르면 금 생산량은 1970년에 최고점을 기록하고 그 이후로는 하락하기 시작했습니다. 금 가격도 정확히 그 시점부터 상승하기 시작해서 1980년까지 약 10년간 상승이 이어졌습니다. 2001년도 마찬가지였습니다. 2001년에 금 생산량이 다시 최고점을 기록하고 그 이후로 하락했는데, 정확하게 금 가격도 그 시점부터 상승하기 시작해서 2012년까지 약 11년간 상승했습니다.

정리해보면 이렇습니다. 금은 생산되어 시장에 유통되기까지 상당한 시차가 존재하므로 생산량이 급격하게 늘거나 줄지 못하고 긴 추세성을 띠게 됩니다. 그래서 금 가격도 상승 추세와 하락 추세가 길고 분명합니다. 또한, 금의 생산량이 최고점을 기록하고 하락하기 시작한 순간부터 금 가격의 상승 추세가 시작됩니다. 따라서 이때가 금에 투자하기에 가장 적기適期라는 것을 알 수 있습니다.

계속해서 〈그림 10〉을 보면, 금 생산량은 2018년에 다시 한번 최고점을 기록했다가 하락하기 시작했죠. 그리고 금 가격도 이때부터 상승하기 시작했죠. 금 가격의 상승장은 한 번 시작하면 짧게는 9년에서 길게는 13년까지 이어지는데요. 평균적으로 약 10년 동안 이어진다고 생각하면 2028년까지는 상승이 계속 이어지리라고 예측할 수 있습니다.

그렇다면 은은 어떨까요? 당연히 은도 똑같습니다. 왜냐하면 은은 금 원석을 캐서 정제할 때 부산물로 나오는 것이기 때문입니다. 그래서 금 생산량이 늘어나면 당연히 은 생산량도 늘어나고, 반대로 금의 생산량이 줄어들면 은 생산량도 줄어듭니다. 결국 금과 은의 생산량과 가격은 비슷하게 움직일 수밖에 없습니다.

〈그림 11〉은 은의 가격과 금 생산량을 하나로 표현한 그래프입니다. 그래프를 보면 1970년에 금 생산량이 최고점을 기록하고 나서 하락하기 시작했을 때 은 가격은 슈퍼 사이클에 들어가기 직전이었습니다. 이 상승은 1979년까지 약 9년간 이어집니다.

다음으로 생산량이 최고점을 기록하고 하락한 때는 2001년인데요. 이때도 마찬가지로 은 가격의 슈퍼 사이클이 시작되기 바로 직전이었다는 것을 알 수 있습니다. 은 가격은 그 이후로 2010년까지

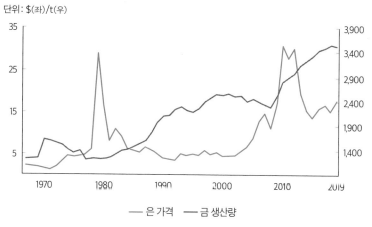

° 그림 11. 시대별 은 가격과 금 생산량 변동 추이 °

단위: $(좌)/t(우)

—— 은 가격　—— 금 생산량

출처: stooq.com, ourworldindata.com

약 9년 동안 상승합니다.

그리고 마지막으로 금 생산량이 2018년에 최고점을 기록하고 하락한 순간부터 은 가격이 상승하기 시작했습니다. 따라서 은 가격은 한 번 상승하기 시작하면 평균적으로 약 9년 동안 상승장이 지속되므로 이번에는 2027년 정도까지 상승이 이어지리라 예측해 볼 수 있습니다.

결론적으로 지금까지의 분석을 통해서 현재는 금과 은 가격이 상승하기 시작한 슈퍼 사이클의 초입부이며 앞으로도 한동안 상승이 계속 유지되리라는 것을 알 수 있습니다. 이처럼 금과 은은 다른 것들과는 다르게 공급 과정 면에서 독특한 특성이 있어서 생산량을 보며 상승 추세를 파악하고 투자 시기를 조율할 수 있습니다.

Chapter 4

슈퍼 사이클 시그널 3
– 주식 버블 붕괴

• 버핏 지수의 개념

모든 운동선수는 저마다 전성기와 슬럼프가 있습니다. 한창 전성
기인 선수의 몸값은 실제 경기력보다도 훨씬 더 높게 평가받곤 하
는데요. 아주 잘나가고 있고 급격하게 성장하므로 스카우터scouter들
의 경쟁이 치열하니 당연히 몸값도 계속 오를 수밖에 없습니다.

반대로 슬럼프일 때는 점점 더 경기력이 안 좋아지니 스카우터
들 사이에서도 '지금 경기력만 놓고 섣불리 평가해서 몸값을 지불
했다가 더 경기력이 안 좋아지면 어쩌지?'라는 우려가 팽배해 경쟁

골드플레이션

이 줄어듭니다. 그러니 몸값은 낮아지겠죠.

이러한 현상들 때문에 때로는 실제 경기력은 나쁘지 않은데 그에 비해 터무니없이 적은 연봉이나 계약금을 받는 선수도 있고, 반대로 실제 경기력은 그다지 안 좋은데도 터무니없이 비싼 연봉이나 계약금을 받는 선수도 있습니다.

경제와 주식 시장도 마찬가지입니다. 어떤 선수가 요즘 들어서 경기력이 나날이 좋아지는 모습을 보여준다면 당연히 몸값이 올라가듯이, 경제가 나날이 좋아지면 당연히 주식 시장도 활황을 맞이합니다. 반대로 경제가 나날이 좋지 못한 모습을 보여준다면 주식 시장은 불황을 맞이하게 되죠.

또한, 경제가 너무 좋을 때는 실제 경제 수준에 비해서 주식 시장이 터무니없이 비싸져서 고평가받을 때도 있고, 때로는 실제 경제 수준에 비해 주식 시장이 터무니없이 저렴해져서 저평가받을 때도 있습니다.

경제의 수준과 주식 시장을 비교해 현재 경제에 비해서 주식 시장이 얼마나 뜨겁거나 차가운지를 한눈에 알 수 있는 지표가 있는데요. 투자의 대가 워런 버핏Warren Buffett이 자주 본다고 알려져서 일명 버핏 지수buffett indicator라 불리는 지수입니다.

〈그림 12〉에서 황갈색 선이 바로 그 버핏 지수입니다. 이 선이 위로 올라갈수록 경제에 비해 주식 시장이 고평가되었다는 뜻이고 밑으로 내려올수록 경제에 비해 주식 시장이 저평가되었다는 뜻입

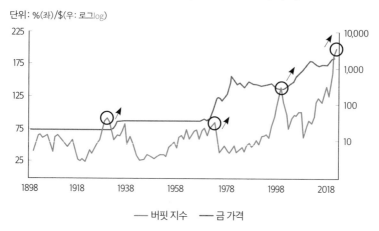

。 그림 12. 시대별 버핏 지수와 금 가격 변동 추이 。

단위: %(좌)/$(우: 로그log)

— 버핏 지수　— 금 가격

출처: 미국 연방준비은행 경제 데이터

니다. 그래프를 보면 아시겠지만, 한 번 고평가받기 시작하면 그 흐름이 쭉 이어지고, 한 번 저평가받기 시작하면 그 흐름이 또 쭉 이어지면서 일정한 추세를 그린다는 것을 알 수 있습니다. 즉, 경제도 호황과 불황을 반복하고, 주식 시장도 활황과 침체를 반복하는 사이클이 있다는 것을 알 수 있습니다.

• 주식 버블 붕괴와 금의 슈퍼 사이클

〈그림 12〉를 자세히 보면 한 가지 특이한 점이 존재합니다. 그래프의 회색 선은 금 가격인데요. 주식 시장이 가장 고평가받는 상태에

서 그 버블이 터지는 순간을 보면 항상 그때부터 금 가격이 거대하게 상승하는 슈퍼 사이클에 돌입했다는 것을 알 수 있습니다.

1929년, 미국 주식 시장은 최고로 고평가받다가 이후 역사상 가장 큰 경제위기인 대공황을 맞이합니다. 이로 인해 주식 시장도 폭락하는데요. 이때 미국의 주가 지수는 무려 -80%까지 하락할 정도로 역대급 불황을 맞이했지만, 반면에 금 가격은 그때부터 크게 상승했습니다. 물론 이때는 금 가격이 고정되어 있던 시절이기에 짧고 높은 단발성 상승으로 끝났지만, 〈표 1〉에서도 보여드렸다시피 이 당시의 금광주는 약 1,000% 상승했습니다.

1970년을 보면 주식 시장이 다시 한번 최고점을 기록하고 나서 오일쇼크의 여파로 인해 폭락하게 되는데요. 이때부터 금의 슈퍼 사이클이 또 시작되었습니다. 이때 금 가격은 무려 약 26배나 상승했습니다. 그리고 같은 기간 동안 은 가격은 무려 약 32배나 상승했습니다.

2000년 닷컴버블 시기에 주식 시장은 또 최고점을 기록합니다. 그 후 닷컴버블의 붕괴로 미국의 나스닥 지수는 -70%까지 폭락했는데요. 이때부터 금 가격은 다시 한번 슈퍼 사이클에 돌입해서 약 6배 넘게 상승합니다. 게다가 은은 약 11배 상승해서 금보다 더 높게 상승합니다.

그리고 현재 주식 시장은 다시 한번 최고점을 경신하고 있는데요. 주식 시장의 버블이 언제 터질지 예측하는 것은 당연히 거의 불가능하지만, 언젠가 이 주식 시장의 버블이 붕괴해서 큰 폭락이 일어난다면 금의 슈퍼 사이클은 그때부터 또 시작될 것입니다.

· 중앙은행의 역할과 금의 슈퍼 사이클

그렇다면 도대체 왜 주식 시장의 버블이 터지면 금의 슈퍼 사이클이 찾아오는지 궁금해하실 것 같은데요. 최대한 쉽게 설명해드리고자 조금 민망하지만 제 과거 이야기를 하나 말씀드리겠습니다.

저는 고등학생 시절에 항상 전교 1등을 했습니다. 그러다 보니 한 문제만 틀려도 제가 다녔던 학원의 선생님들에게 엄청나게 혼났습니다. 저도 한 문제라도 틀리는 날에는 속상해서 많이 울곤 했는데요. 선생님들의 기대치도 갈수록 높아져서 나중에는 국·영·수 말고도 다른 과목까지 100점을 맞는 게 당연하다고 생각하시게 되었습니다.

그렇게 나름대로 잘나가던 어느 날, 시험을 정말 크게 망친 적이 있었습니다. 그냥 한두 문제를 틀린 정도가 아니라 2~3등급을 받을 정도로 완전히 망쳤습니다. 그때는 한강에라도 가서 뛰어내리고 싶을 만큼 정신적으로 큰 충격을 받았습니다.

이때는 정말 누군가가 저를 조금이라도 잘못 건드리면 무슨 일이라도 터트릴 것만 같은 표정을 하고 다녔는데, 그러니까 전에는

골드플레이션

한 문제만 틀려도 꾸중하셨던 선생님들이 오히려 저를 위로해주시고 응원해주시더라고요. 그 이후로 얼마간은 공부에 다소 집중하지 못하거나 쪽지 시험을 잘 치르지 못해도 크게 혼내지 않으셨어요.

사실 제가 이 이야기를 왜 했느냐면요. 결국 경제도 똑같기 때문입니다. 경제가 좋을 때는 사람들이 큰 불안감이 없다 보니 돈을 막 씁니다. 돈이 없어도 대출을 받아서 차 사고 뭐 사고 하잖아요. 그런데 어느 날 갑자기 경제위기가 닥치면 모든 사람이 그때부터 지갑을 싹 닫습니다. 즉, 아무도 소비를 하지 않으려고 합니다. 그러면 음식점은 장사가 안되고 기업들은 물건이 안 팔립니다.

이렇게 소비가 악화될수록 사장님들은 직원을 자를 것이고, 그러면 사람들은 더 돈을 안 쓰고, 그러면 기업의 매출은 더 줄어듭니다. 결국 이런 악순환이 계속 반복됩니다.

이런 상황이 되면 국가는 제 고등학생 시절의 학원 선생님들처럼 모든 국민을 어르고 달래며 맛있는 것도 먹여주는 선생님이 됩니다. 중앙은행은 금리를 낮추어서 대출 시 이자 부담을 줄여주고 자산을 직접 매입해서 시중에 돈을 대량으로 유통합니다. 그리고 정부도 각종 공공 일자리를 늘리고 다양한 복지 정책을 시행해서 돈을 최대한 유통해 사람들이 소비를 활발하게 할 수 있게끔 유도합니다. 그러면 세상에 갑자기 엄청난 양의 돈이 풀리는 것이죠.

파트 1에서 다루었던 것처럼, 사실 진짜 돈은 금이고 화폐는 그저 교환권입니다. 그래서 시중에 유통되는 화폐가 늘어날수록 당연히 화폐의 가치는 떨어지고, 그로 인해 물가도 상승하며 금의 가격도 올라갑니다. 따라서 이런 경제 호황의 끝에서 주식 버블이 터지면서 엄청난 충격이 발생하면 죽기 직전의 경제를 살리고자 정부와 중앙은행이 돈을 마구 뿌리는 정책을 펼치게 되어 금의 슈퍼 사이클이 시작되는 것입니다.

〈그림 12〉를 다시 한번 봅시다. 이제 주식 시장의 버블이 터지는 시점부터 금 가격의 슈퍼 사이클이 시작되는 이유를 완벽하게 이해하셨을 것입니다.

지금은 2009년부터 시작된 주식 시장의 호황이 벌써 13년째 지속되고 있습니다. 이럴 때 우리에게 찾아오는 기회가 진짜 기회인지를 알 수 있는 눈을 지금부터라도 키우는 것이 정말 중요합니다.

◦ Chapter 5 ◦

슈퍼 사이클 시그널 4
– 추세추종 투자법

· 추세의 개념

누구나 상승장에만 투자하고 하락장은 피하고 싶어 합니다. 그런데 그렇게 상승장에만 투자하려면 엄청나게 어렵고 복잡한 공부를 마쳐야만 가능하리라고 생각하는 분이 정말 많습니다. 하지만 사실은 아주 간단한 방법만으로도 상승장에만 투자하고 하락장은 피할 수 있습니다.

다들 월드컵이나 올림픽을 한 번쯤은 보셨을 것입니다. 예를 들어서 축구 경기를 보면 어느 한쪽만 계속 공을 잡고 있지는 않습니다. 경기 내내 두 팀이 공을 번갈아 가며 보유하고, 이에 따라서 흐름도 계속 바뀝니다. 이럴 때 우리는 '추세'라는 표현을 씁니다. 즉, 우리 팀이 유리해지면 "추세가 우리 쪽으로 기울었다"라는 표현을 종종 씁니다.

사실 어떤 스포츠 경기를 보더라도 항상 이런 추세가 존재합니다. 우리 인생도 그렇습니다. 엄청나게 화려한 순간이 있는가 하면 슬럼프에 빠져서 힘든 시간을 보낼 때도 있습니다.

축구 경기를 하는 두 팀이 있다고 가정해봅시다. 한 팀은 최근 전성기를 맞이한 팀이고 다른 한 팀은 최근 슬럼프에 빠져서 전체적인 분위기가 많이 가라앉은 팀입니다. 이 두 팀이 축구 시합을 하면 어떤 팀이 이길 확률이 높을까요?

물론 결과를 섣불리 단언할 수는 없지만, 확률적으로 계산해보면 전성기를 달리는 팀이 사기도 더 높을 것이고 선수들끼리 커뮤니케이션도 좋은 만큼, 더 좋은 경기력을 보여줄 가능성이 큽니다.

• 추세추종 투자법

실제로 투자할 때도 이러한 추세를 이용해서 투자할 수 있습니다. 먼저 주식으로 예를 들어보겠습니다. 주식 시장이 지금 상승 추세인지, 아니면 하락 추세인지는 어떻게 판단할까요? 우리가 어떤 축구팀의 상승과 하락 추세를 판단할 때 최근의 경기력을 보는 것처럼, 주식도 최근 상승했는지, 하락했는지를 보고 지금의 추세를 판단해서 투자를 결정하는 데 참고할 수 있습니다.

이렇게 투자하면 상승 추세일 때는 수익을 그대로 가져가고, 하락 추세일 때는 중간에 빠져나와서 손실을 적게 보게 되는데요. 이러한 투자 방식을 '추세추종 투자법'이라고 부릅니다.

그런데 여기까지만 들으면 '아니, 무슨 이런 애들 장난 같은 방식으로 투자해?'라고 생각하실 수도 있습니다. 그러나 실제로 이 투자 방식은 약 200년의 역사를 가진 전통적인 투자 방식입니다. 추세추종 투자 방식의 원리를 정확하게 깨닫고 이해하면 절대 가볍거나 빈약한 방식이 아니라 상당히 효율적인 투자 방법이라는 것을 아실 수 있습니다. 이 투자 방식의 핵심을 한 문장으로 정리해보면 이렇습니다.

"어제보다 올랐으면 사고, 내렸으면 판다."

일반적으로 투자라는 것은 대부분 쌀 때 사서 비쌀 때 파는 거로 생각합니다. 반대로 오를 때 사서 내릴 때 파는 것은 초보자나 하는 것으로 생각하는 경우가 많습니다. 그런데 과연 실제로도 그럴까요? 〈그림 13〉을 통해서 설명해드리겠습니다.

〈그림 13〉은 추세추종 투자법을 선 형태로 정리한 것입니다. 그

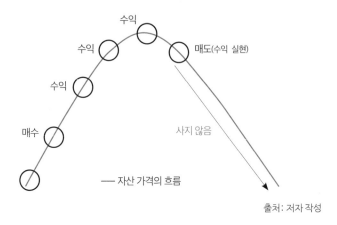

◦ 그림 13. 추세추종 투자법 ◦

수익

수익

매도(수익 실현)

수익

매수

사지 않음

—— 자산 가격의 흐름

출처: 저자 작성

림처럼 만약 가격이 한 번 올랐다가 내려서 다시 제자리로 온다고 가정해보겠습니다. 추세추종 투자법에 따르면 왼쪽의 상승 곡선 시기에는 어제보다 가격이 올랐으니까 매수하겠죠? 그리고 쭉 가격이 상승하다가 가격이 다시 내려가는 오른쪽 하락 곡선 시기에는 매도합니다. 그럼 원으로 표시한 부분에서 수익을 얻을 수 있습니다. 그런데 만약에 이와 반대로 대다수의 견해처럼 가격이 내릴 때 사고 가격이 오를 때 파는 방식으로 투자하면 어떻게 될까요?

〈그림 14〉는 앞서 말씀드렸던 일반적인 투자자들의 인식에 따라 투자한 것을 선 형태로 정리한 그래프입니다. 이 투자법을 따르면 가격이 오를 때는 비싸다며 사지 않다가 오히려 가격이 내려올 때 사서 하락하는 만큼 계속 손실이 누적되죠(원 부분). 게다가 나중에 가격이 조금 오르면 손실을 보고 매도합니다.

골드플레이션

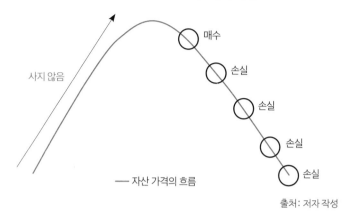

。 그림 14. 일반적인 투자자가 따르는 투자법 。

사지 않음

매수

손실

손실

손실

손실

—— 자산 가격의 흐름

출처: 저자 작성

    결론적으로는 추세추종 투자법처럼 상승하는 추세에서 매수하고 하락하는 추세에서 매도하는 것이 훨씬 더 효율적입니다. 이론만으로는 믿지 않으실 수도 있으니 실제 투자 분석을 통해서 이 방식이 정말 맞는 방식인지 한 번 더 분석해보겠습니다.

· 추세추종 투자법 적용 사례 – 코스피(주식)

〈그림 15〉는 우리나라의 주식 시장인 코스피Korea Composite Stock Price Index, KOSPI 지수에 그냥 투자했을 때와 추세추종 투자법으로 투자했을 때 그 결과를 비교해본 그래프입니다. 그래프를 보면 아시겠지만, 추세추종 투자법에 따라서 투자하면 우리나라에 큰 위기가 찾

◦ 그림 15. 일반적인 투자법과 추세추종 투자법으로 코스피에 투자한 결과 비교 ◦

	코스피 투자	추세추종 투자
누적 수익률	1,659%	6,082%
최대 손실	-73.06%	-35.18%

단위: $(1달러 투자 시 수익 금액)

일반적인 투자법 추세추종 투자법

아와서 코스피가 하락 추세로 돌아설 때는 주식을 팔고 잠시 쉬다가 다시 상승 추세가 시작되었을 때는 들어갑니다. 계속 이 과정을 반복하며 투자를 진행합니다.

그래프의 내용에서처럼 차후 누적 수익률을 보면 코스피가 약 1,700% 상승하는 동안 추세추종 투자법은 약 6,000% 넘게 상승했다는 것을 알 수 있습니다. 즉, 압도적으로 더 높은 수익을 달성했습니다. 또한, 가장 많이 손실을 볼 때를 살펴보면 코스피의 경우 IMF 당시에 약 -70%가 넘는 하락을 경험했지만, 추세추종 투자법은 약 -35% 이상 하락한 적이 없습니다.

골드플레이션

이처럼 추세추종 투자법은 역사와 전통이 있고 또 실제로도 아주 효율적인 투자법이라는 것을 알 수 있습니다. 한 가지를 더 말씀 드리겠습니다. 여기서 주식의 추세를 결정하는 기준은 1년 단위를 적용했는데요. 즉, 지난 1년 동안 주식 시장이 상승했으면 투자하고, 하락했으면 매도하는 방식입니다.

• 추세추종 투자법 적용 사례 – 금

다음으로, 금에 추세추종 투자법을 적용해보겠습니다.

〈그림 16〉은 금 가격의 변동 추이를 분석한 그래프입니다. 먼저 금 가격을 보면 앞에서도 다루었듯이 금은 주식보다 추세가 훨

◦ 그림 16. 시대별 금 가격 변동 추이 ◦

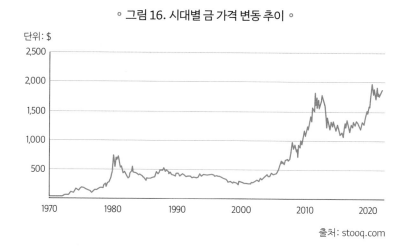

출처: stooq.com

씬 더 길다는 것을 알 수 있습니다. 또한, 주식은 장기간 동안 횡보하는 구간도 많지만, 금은 횡보하는 경우는 거의 없고 오를 땐 계속 오르기만 하고 내려갈 때는 계속 내려가는 형태입니다.

이렇게 추세가 긴 자산일수록 추세추종 투자법이 훨씬 더 효율적입니다. 대신 추세를 판단하는 기준을 그만큼 조금 더 완화해서 볼 필요가 있는데요. 그래서 저는 1년 6개월을 기준 단위로 설정해서 비교해보았습니다.

〈그림 17〉을 보면 금 가격에 큰 조정이 있거나 장기간 하락하는 추세일 때 추세추종 투자법을 적용한 수익률을 알 수 있습니다. 이

。 그림 17. 시대별 금 가격과 추세추종 투자법 수익률 비교 1 。

	금 가격	추세추종 투자
누적 수익률	4,000%	24,100%
최대 손실	-64.97%	-34.03%

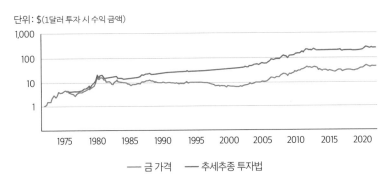

단위: $(1달러 투자 시 수익 금액)

—— 금 가격   —— 추세추종 투자법

출처: portfoliovisualizer.com

골드플레이션

투자법을 적용하면 하락할 때는 매도하고 추가로 투자하지 않음으로써 큰 하락은 피하고 상승 추세에만 편승해서 훨씬 더 큰 수익을 내었습니다. 그래프가 가격 대비 상대적 수익률 퍼센트만 표시한 로그 차트log chart라서 차이가 별로 크지 않아 보일 수도 있는데요. 누적 수익률로 보면 금 가격이 약 4,000% 상승하는 동안 추세추종 투자법은 무려 약 2만 4,000%의 수익을 달성했습니다.

또한, 이 시기에 금에 투자했다면 최대 약 -65% 정도의 손실을 볼 수도 있었지만, 추세추종 투자법은 절반 정도밖에 손실을 보지 않았죠. 물론 은이나 다른 어떤 자산이라 해도 모든 자산은 분명히 추세가 존재하므로 추세추종 투자법이 효과가 있지만, 특히 금처럼 추세가 길고 분명한 자산일수록 추세추종 투자법은 수익률 면에서 압도적인 차이를 보여줍니다.

게다가 '금융 자산과 실물 자산의 사이클' 부분에서 다룬 것처럼, 만약 금이 하락 추세일 때 가만히 있지 않고 오히려 주식에 투자했다면 더 큰 수익을 얻었을 것입니다. 즉, 금융 자산과 실물 자산은 전성기가 서로 번갈아 가면서 오니 금이 하락장이라면 주식에 투자하고, 이때도 추세추종 투자법을 활용한다면 가장 효율적인 투자를 하게 되었을 것입니다.

결국 금에 투자하기 전에 추세를 살펴보고 투자하는 추세추종 투자법을 적용한다면 잘못된 판단을 할 확률을 크게 줄이면서도 상승 추세에 정확하게 편승할 수 있을 것입니다. 물론 추세를 잘못 읽는다던가 적용할 때 실수할 수도 있지만, 사고팔 때 발생하는 자잘한 비용을 몇 번 정도 감수할 수 있다면 훨씬 더 효율적으로 투자할 수 있습니다.

추세추종 투자법에 따르면 현재는 어떤 시기일까요? 지금은 2019년부터 시작된 상승 추세가 지속되는 시기입니다. 즉, 추세추종 투자법의 관점에서는 투자를 지속해야 하는 시기입니다. 실질 금리나 생산량과 같은 지표도 금의 상승 추세를 파악하는 자료로 활용할 수 있지만, 추세추종 투자법에 따른 분석을 통해서도 상승 추세임을 알 수 있습니다.

Chapter 6

COT 차트를 이용한 단기 저점 투자법

• 단기 저점 파악의 중요성

앞에서도 계속 말씀드렸다시피 금과 은에 투자할 때는 장기적인 관점에서 오랜 기간 투자를 유지해야 합니다. 그러나 투자할 때는 사람의 심리상 가격이 조금이라도 더 쌀 때 매수하고 싶은 것이 당연합니다. 즉, 투자자 중에는 분명히 단기 투자를 원하는 수요도 존재합니다.

원래 저는 단기 가격 흐름에 관한 전망을 하지 않고 그런 것에 너무 신경 쓰는 것도 좋지 않다고 생각하는 편입니다. 그래도 단기 저점이 왔을 때 알아볼 수 있는 눈을 키워야만 그 기회가 찾아왔을 때 놓치지 않고 잡을 수 있다고 생각해서 투자자분들께 도움을 드리고자 이번 챕터를 집필하게 되었습니다.

· 선물 거래의 개념

일단 금과 은 가격이 어떻게 정해지는지에 관해서 먼저 이해할 필요가 있습니다. 금과 은의 가격은 '선물先物 거래'라는 것을 통해서 정해집니다. 선물 거래는 미래의 일정한 시기에 상품을 넘겨준다는 조건으로 현재 시점에서 가격을 정해서 매매 계약을 하는 거래를 말합니다.

예를 들어서 제가 오늘 감자를 심었습니다. 그런데 이 감자가 다 자라서 수확할 때가 되었을 당시의 경제 상황이나 여러 가지 환경 요인은 당연히 지금은 예측할 수 없습니다. 수확 시기에 감자 가격이 갑자기 폭락한다면 그간 감자를 키운 대부분의 사람들은 큰 손실을 보게 될 것입니다. 반대로 감자 가격이 갑자기 폭등했다면 감자 과자를 만드는 기업 입장에서는 사업에 큰 지장을 받겠죠?

그래서 농사꾼과 기업은 리스크에 대비하기 위해서 감자 수확 전에 현재 시점에서 가격을 정해서 계약을 진행합니다. "이 감자를 수확하면 1박스당 2만 원에 거래합시다"라는 식입니다.

골드플레이션

만약 감자 가격이 크게 폭등하거나 폭락하면 분명 둘 중 한쪽은 큰 위기를 맞을 것이므로 서로 이러한 리스크를 줄이고자 하는 것입니다. 이것이 바로 선물 거래입니다.

금과 은도 마찬가지로 탐사하고 채굴한 뒤 정제해서 시장에 나오기까지는 상당한 시간이 걸립니다. 그래서 선물 거래를 통해서 가격을 정합니다.

그런데 문제는 이렇게 리스크를 사전에 없애고자 하는 사람들만 선물 거래를 하는 것이 아니라는 데 있습니다. 예를 들어서 미래의 기후나 경제 상황을 계산해서 그때 금 가격이 폭등할 것을 예측해 선물 거래를 통해 투자하려는 집단들이 있죠.

이들은 만약 올해 가뭄이 있을 것으로 판단한다면 당연히 작물들의 수확량이 적을 것이고 그로 인해 감자 가격이 폭등할 것을 예측해서 현재 시점에 선물 거래를 통해서 적당한 가격에 계약하려고 합니다. 이렇게 계약하고 나서 나중에 감자 가격이 정말로 폭등하면 그때 계약한 가격에 감자를 사서 팔 때는 비싼 값에 팔 수 있으니 큰 수익을 낼 수 있겠죠.

결론적으로 선물 거래는 현재 세상에 일어나는 일을 바탕으로 미래의 가격이 어떻게 될 것인지를 미리 반영하는 특성이 있습니다. 즉, 미래의 예상 가격이 현재 가격으로 책정된다고 생각하시면 됩니다. 그리고 결국 모든 가격은 실수요자가 아니라 주로 이러한 투기꾼들에 의해서 정해집니다. 투기꾼들이 달려들면 가격이 올라가고 참여하지 않으면 가격이 내려가겠죠.

· COT 분석

지금까지 말씀드렸던 두 집단, 즉 실수요자와 투기꾼은 선물 거래를 하면 보고를 받게 되어 있습니다. 이때 이용하는 보고서가 바로 지금 소개해 드릴 〈Commitment Of Traders〉인데요. 미국 상품선물거래위원회Commodity Futures Trading Commission, CFTC에서 발행하는 보고서로 줄여서 'COT'라고 부릅니다. 이제 실제 COT 분석을 통해서 좀 더 자세히 설명해드리고자 합니다.

1) COT 분석 – 금의 단기 저점 타이밍

〈그림 18〉은 금 가격과 금의 COT 차트입니다. 그래프 하단을 보면 황갈색 그래프 선이 있습니다. 바로 투기꾼들이 현재 어떻게 베팅betting하는지 알려주는 선입니다. 이 선이 위로 올라가면 투기꾼들이 점점 더 많이 달라붙고 있다는 뜻이고, 선이 내려간다는 것은 투기꾼들이 이 시장에서 빠져나가고 있다는 뜻입니다.

그러면 가장 저점일 때는 언제일까요? 아주 간단합니다. 투기꾼들이 다 빠져나가고 아무도 없을 때는 더 이상 팔고 나갈 사람이 없다는 뜻이니 가격이 가장 낮은 수준일 것입니다. 즉, 황갈색 그래프

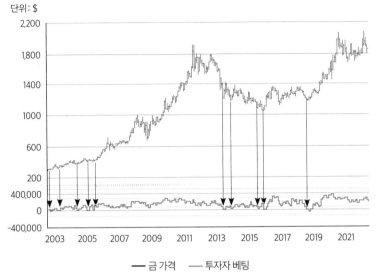

。그림 18. 시대별 금 가격 및 금의 COT 차트 。

선이 0에 수렴하는 순간이 가장 저점인 순간입니다. 그 이후로 다시 투기꾼들이 붙으면 가격이 올라갈 것입니다. 황갈색 그래프 선이 0에 수렴하는 순간들을 제가 모두 화살표로 표시해보았는데요. 모두 정확하게 단기 저점이었다는 사실을 알 수 있습니다.

2) COT 분석 – 은의 단기 저점 타이밍

이처럼 단기 저점을 모두 표시해보면 금은 이런 단기 저점이 생각보다 자주 찾아오는 것은 아니라는 걸 알 수 있습니다. 그러나 은의 경우는 조금 다릅니다. 〈그림 19〉를 보면서 말씀드리겠습니다.

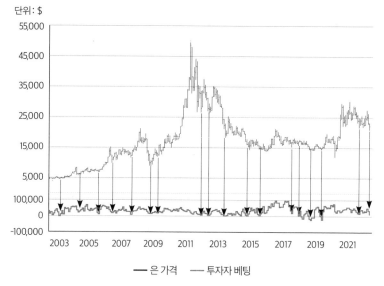

◦ 그림 19. 시대별 은 가격 및 은의 COT 차트 ◦

단위: $

— 은 가격   — 투자자 베팅

출처: barchart.com

〈그림 19〉는 은 가격과 은의 COT 차트입니다. 모든 선은 앞의 그래프와 동일한 의미입니다. 이 그래프를 보면 황갈색 그래프 선이 0까지 수렴하는 일이 생각보다 자주 있다는 것을 알 수 있습니다. 모두 은의 단기 저점입니다. 즉, 투기꾼이 1명도 남아있지 않은 상황인데, 반대로 말하면 더 이상 팔 사람이 없다는 뜻으로 해석할 수 있습니다. 그래서 단기 저점이 되는 것이죠.

만약 금과 은에 투자하고 싶은데, 고점에서는 절대 투자하지 않겠다는 분들은 〈그림 18〉, 〈그림 19〉의 분석을 참조해서 다음에 이런 기회가 찾아왔을 때 투자해보시면 되겠습니다.

· 금과 은 시장의 독특한 특성

지금까지 설명해드린 COT 차트 분석 방식을 다른 투자 자산들에 투자할 때도 적용하면 아주 유용하겠다고 생각하실 수도 있습니다. 그러나 사실 이 방식은 오로지 금과 은 투자 시에만 효용성이 있습니다. 왜냐하면 금과 은 선물 시장은 일종의 조작된 시장이라서 일반적인 선물 시장의 모습과는 다르기 때문입니다.

조작되었다는 뜻은 이런 뜻입니다. 일반적으로 선물 시장의 가장 큰 주체는 생산자나 도매상이지만, 금과 은 시장의 가장 큰 주체는 JP모건과 같은 대형 은행들입니다. 이들은 금과 은의 선물 시장에서 항상 숏 포지션short position(가격이 하락하면 이익을 얻는 베팅)을 취하면서 은 가격의 상승을 막는 한편, 뉴욕 선물 거래소 등을 통해서 단일 주체로는 최대 규모로 실물을 축적하고 있습니다.

더 구체적으로 분석해보면 일반 은행이나 개인 투자자들의 롱 포지션long position(가격이 상승하면 이익을 얻는 베팅)이 극단으로 치달으면, 항상 은 가격은 곧바로 조정과 통제를 받아왔다는 것을 알 수 있습니다. 반대로 JP모건을 비롯한 커머셜 스왑딜러commercial swap dealer의 숏 포지셔닝이 극단으로 치달으면, 시장은 곧 조정을 받게 되었죠. 따라서 COT 차트는 가격을 조작하는 주체의 움직임을 통해 단기적 저점과 고점을 예상하는 데 참고 자료로 사용해야 하며, 이 때문에 금과 은 투자 시에만 효용성이 있습니다.

다만 한 가지 더 명심해야 할 점이 있습니다. COT 차트의 은의 단기 저점 타이밍을 보고 이 시점을 은 가격의 절대 저점으로 생각하시면 안 된다는 것입니다. 이 분석은 어디까지나 장기적으로 투자하는 과정에서 매입 비중을 조절하는 참고 자료로 활용하시는 것이 가장 좋습니다.

· 단기적인 가격 흐름을 무시해도 좋은 이유

저는 앞에서도 말씀드렸던 것처럼 단기적인 가격 흐름은 신경 쓰지 않고 매수하는 편입니다. 왜냐하면 은은 경고 알람 없이 로켓처럼 가격이 급등하는 경우가 대부분이기 때문입니다. 은의 가격 급등기는 일반적으로 아주 짧지만, 상승 폭은 매우 강렬합니다.

〈그림 20〉은 1970년 중반 이후로 은 가격이 급등했던 모든 시기를 기록한 그래프입니다. 특히 상승 폭뿐만 아니라 지속 기간에도 주목할 필요가 있습니다.

짧게는 2개월 만에 약 36% 상승했을 때도 있고, 길게는 12개월 동안 무려 약 740% 상승하기도 했습니다. 그래프를 분석해보면 평균적으로 은은 한 번 급등하면 약 7개월 동안 150% 정도 상승합니다. 이러한 특성을 고려해보면 은에 투자할 때 무조건 단기 저점에만 사려고 하다가는 엄청난 상승을 놓치는 일이 발생할 수도 있

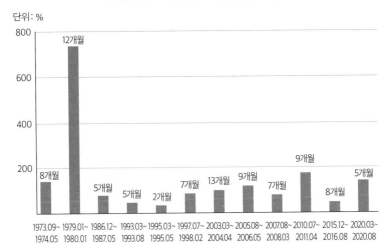

∘ 그림 20. 시기별 은 가격 상승률 추이 ∘

단위: %

출처: 런던금은시장London Bullion Market, LBMA

습니다.

물론 단기적인 흐름이라도 저점에서 투자하면 더 좋겠지만, 어차피 슈퍼 사이클에 있다면 결국 단기 고점에서 사든, 단기 저점에서 사든 슈퍼 사이클을 놓치지 않고 성공적으로 투자할 수 있습니다. 따라서 저는 어차피 슈퍼 사이클의 초입인 지금 시기에 투자할 때는 전혀 가격을 보지 않고 매수하는 편입니다.

결론적으로 가격 변동에 둔감하고 처음부터 장기 투자 관점에서 투자하시는 분이라면 단기적인 가격 흐름은 무시하는 편이 좋고, 가격의 움직임에 민감하거나 장기 투자의 관점에서 투자하지 않는 분들은 COT 차트를 분석해서 저점에 투자하면 좋습니다.

Chapter 7

실물 은의 대량 매집 사례

· 은 매집 이유

여러분에게 만약 미래를 알 수 있는 능력이 생긴다면 무엇을 하시 겠나요? 어떤 분들은 로또를 살 것이고, 어떤 분들은 앞으로 폭등할 주식에 미리 투자할 것입니다. 이처럼 미래를 알고 있다면 분명히 가장 먼저 돈이 움직입니다.

투자 시장에서도 예리한 통찰력을 가진 투자의 대가들은 좋은 투자처를 발견하면 가격이 저렴할 때 최대한 많이 투자하려고 합니다. 이를 '매집買集'이라고 부르는데요. 금과 은은 가격 상승 추세가 길고 분명한 형태를 띠므로 슈퍼 사이클이 시작되기 전에는 항상 거대한 세력들의 매집이 있었습니다.

여기서 특이한 점이 하나 있습니다. 바로 거대 세력들은 이때 항상 실물 은만을 매집했다는 사실입니다. 그들은 과연 어떻게 금과 은 가격의 폭등을 예상했고 또 왜 군이 실물 은만을 모았는지에 관해서 이번 챕터에서 다루어보도록 하겠습니다.

• 1970년 미국 경제 상황과 헌트 형제의 은 매집

1970년, 미국의 경제에는 세 가지 특별한 일이 있었습니다. 바로 '실질금리 마이너스' '금 생산량 감소' '닉슨쇼크'입니다.

1) 실질금리 마이너스

첫 번째는 실질금리가 마이너스가 된 것이었습니다. 이 부분은 앞에서도 말씀드렸지만, 실질금리가 마이너스가 되었을 때 내가 화폐를 보유하고 있다면 내 자산의 가치는 분명히 떨어집니다. 그래서 이 시기가 되면 사람들은 화폐를 버리고 실물 자산을 보유하려고 합니다. 그 결과로 항상 이때부터 금과 은의 슈퍼 사이클이 시작됩니다. 당시 미국에서도 실질금리가 마이너스가 되자 이런 원리를 바탕으로 금과 은의 슈퍼 사이클이 시작되었습니다.

2) 금 생산량 감소

두 번째는 금의 생산량이 감소했다는 점입니다. 금 생산량은 1970년에 최고점을 기록하고 그 이후로 하락 추세로 전환했습니다. 이 부분 또한 앞에서 이미 다루었는데, 생산량이 줄어든다는 것 역시 이제부터 금 가격이 상승한다는 것을 의미합니다. 즉, 여기서도 금과 은의 슈퍼 사이클이 시작된다는 것을 알 수 있습니다.

3) 닉슨쇼크

그리고 마지막으로 앞에서 언급했던 닉슨쇼크가 있었습니다. 1971년 이전까지 미국에서는 35달러를 금 1온스와 교환할 수 있었습니다(금본위제). 즉, 금이 곧 돈이고 달러는 금과 교환할 수 있는 교환권일 뿐이었죠.

그러나 제2차 세계대전 이후로 미국이 너무나도 많은 화폐를 발행하다 보니 결국 다른 국가들이 미국에 맡겼던 금을 다 찾아가게 되었습니다.

또한, 수많은 사람이 달러를 가지고 가서 금으로 교환하다 보니 미국은 보유 중인 금에 비해 들어오는 화폐가 너무 많아서 다 교환해줄 수 없는 지경에 이르렀습니다. 그래서 나중에는 달러를 갖고 와도 바꾸어줄 수 없다고 말하며 사실상 디폴트default를 선언했습니다. 결국 이로 인해 달러에 대한 신뢰가 깨지며 화폐 가치가 폭락했고, 사람들은 더욱더 금과 은을 찾게 되었습니다.

골드플레이션

이렇게 1970년의 미국은 모든 면에서 금과 은을 찾는 시대였습니다. 이때부터 금 가격이 거대하게 상승할 거라는 것은 지금 와서 생각해보면 너무나도 당연한 일입니다.

그런데 당시에도 이러한 흐름을 정확히 꿰뚫고 있던 사람이 있었는데요. 바로 미국의 석유 재벌인 넬슨 헌트^{Nelson Hunt}와 윌리엄 헌트^{William Hunt}, 즉 헌트 형제였습니다. 이들은 앞으로 금 가격이 폭등할 수밖에 없다는 것을 정확하게 예측하고 그때부터 실물 은을 매집하기 시작했습니다. 그 당시 이들이 모았던 실물 은의 양은 약 1억 온스에 달했습니다. 정말 상당히 많은 양의 실물 은을 매집한 것이죠.

그 이후 실제로 금은 약 26배, 은은 약 32배나 가격이 상승하는 기염을 토해냈습니다. 물론 헌트 형제는 마지막에 정부의 강력한 규제로 인해 파산이라는 안타까운 결말을 맞이하게 되었지만, 적어도 시대를 관통하는 그들의 시각은 정확했습니다.

4) 통제받는 금

그런데 여기서 몇 가지 의문이 들 수 있습니다. 헌트 형제는 왜 굳이 실물 은을 샀을까요? 즉, 금이 아니라 왜 은을 산 것이며, 또 굳이 보관하기도 힘든 실물을 샀을까요?

사실 사람들이 다 같이 금과 은을 찾는 시기는 당연히 화폐의 가치가 폭락하는 시기입니다. 즉, 정부 입장에서는 최악의 상황입니다. 왜냐하면 사람들이 화폐를 의심할 정도라면 이미 금에 비해 화폐가 너무나도 많이 유통 중인 상황일 것이고, 이런 상황에서는 절대로 기존에 약속한 교환 비율에 맞추어서 화폐를 금으로 바꾸어주지 못하니까요.

그래서 정부는 이런 경우에는 주로 금을 보유한 사람들에게서 금을 거의 빼앗다시피 강탈해서 가져오곤 했습니다.

1934년, 미국의 루스벨트 대통령은 행정 명령을 내려 금을 소유한 모든 사람에게 터무니없이 적은 보상을 주고 금을 빼앗았습니다. 이때 만약 실물 자산을 보유하고 있었다면 빼앗길 염려가 거의 없었겠지만, 은행이나 증권사를 통해 금에 투자하던 사람들은 거의 모든 금을 빼앗길 수밖에 없었죠.

결국 이러한 일들이 상당히 많이 발생하다 보니 헌트 형제는 이런 리스크를 피하고자 실물 은을 선택한 것입니다. 금을 규제하는 일은 많았어도 은을 규제하는 일은 상대적으로 드물었으니, 당연히 리스크도 줄어듭니다.

여기에 더불어서 은을 실물로 보유한다면 루스벨트 대통령의 행정 명령 같은 상황이 발생한다고 해도 빼앗길 걱정이 없습니다. 또한, 마지막으로 은은 금보다 가격 상승기에 더 많은 가격 상승이 이루어지므로 더 높은 이익을 얻으리라는 계산도 분명히 했을 것입니다. 따라서 금의 슈퍼 사이클이 시작된 순간 헌트 형제는 대량의 실물 은을 매집했던 것이죠.

• 워런 버핏의 은 매집

다음으로 세계에서 가장 성공한 투자자이자 전 세계 재산 순위 6위 (2022년 1월 기준)인 버핏도 은을 매집했던 적이 있습니다. 그런데 사실 버핏은 금에 투자하는 것에 대해 상당히 부정적이었는데요. "금은 주식처럼 계속해서 기업이 이익을 창출해내는 것도 아니고 채권처럼 이자를 주는 것도 아닌, 그저 돌덩어리와 다를 바 없다"라고 말할 정도로 금 투자에 부정적인 견해를 보였습니다. 그런데 그런 그도 은에 투자했던 적이 있습니다.

1997년, 버핏은 자기 회사 주주들에게 보내는 서한에 다음과 같이 적었습니다.

> "저는 약 1억 3,000만 온스 정도의 은을 매입했습니다.
> 은을 매입한 이유는 은의 공급량과 재고량은 떨어지고 있고
> 수요는 늘어나는 상황인데, 아직 가격은 이러한 상황을
> 제대로 반영하지 못하고 있다고 판단했기 때문입니다."

실제로 버핏이 은에 투자했던 당시의 상황을 보면 은은 공급량도 떨어지고 재고량도 하락하고 있었지만, 수요는 오히려 늘어나던 시기였습니다. 하지만 신기하게도 은 가격은 바닥에서 횡보하고 있었으므로 이 시기의 은은 아주 매력적인 투자 자산이었죠.

실제로 그 이후 금과 은의 슈퍼 사이클이 시작되어 금 가격은 약 6배, 은 가격은 약 11배 상승했습니다. 다만 버핏이 투자한 후로 약 4년간은 가격이 횡보했는데, 결국 안타깝게도 버핏은 2006년에서 2007년 사이에 약 2~3배 정도의 수익만 챙기고 팔았다고 합니다. 어쨌든 버핏도 시대를 정확히 관통하는 예리한 시각을 가졌다는 것을 알 수 있습니다.

· JP모건의 은 매집

마지막으로 은 투자와 관련해서 세계에서 가장 오래된 금융 기업이자 미국 4대 은행 중에서도 가장 큰 기업으로 손꼽히는 JP모건JP Morgan Chase이라는 투자 은행이 있습니다. 이들은 2011년부터 은을 꾸준히 매입하기 시작해서 지금까지도 매집을 늘려가고 있는데요. 공개적으로 매집한 양만 벌써 약 1억 8,400만 온스입니다. 비공개적으로 매집한 양까지 합치면 약 6억 온스라는 이야기도 있지만, 비공개인 만큼 이들이 모은 은의 양을 정확하게 알 수는 없습니다. 다만 공개적으로 모은 양만 해도 이미 헌트 형제나 버핏보다도 더 많은 양을 매집했습니다.

JP모건이 약 1억 6,000만 온스를 매집했던 2019년부터 금과 은의 슈퍼 사이클이 시작되었습니다. 그러나 JP모건은 왜 실물 은을 그렇게나 많이 모았는지에 관해서 아직도 제대로 된 답변을 내놓지 않았습니다.

그래도 지금까지 이 책에서 알려드렸던 내용을 통해서 우리는 JP모건 역시 은의 상승장을 예측했다는 점을 알 수 있습니다.

금융 자산에 비해 실물 자산이 매우 저평가되어 있고, 실질금리가 마이너스인 시기이며, 생산량은 하락 추세가 되었고, 추세추종 투자법의 관점에서도 금과 은의 슈퍼 사이클이 막 시작했다는 시그널이 이미 나왔기 때문입니다.

앞에서도 말씀드렸지만, 지금 시기는 화폐 위기가 시작된 시기입니다. 단순히 금과 은의 슈퍼 사이클을 놓치는 것이 문제가 아니라 제대로 된 대응을 하지 않는다면 내가 그동안 열심히 모은 화폐의 가치가 폭락하는 결과를 맞이할 수도 있는 시기인 것입니다.

우리 앞에는 위기와 기회가 공존하고 있습니다. 이 위기를 기회로 바꾸기 위해서는 헌트 형제, 버핏, JP모건처럼 금과 은에 투자하는 것이 가장 최고의 방법이 될 것입니다.

Part 3

금과 은의
매도 타이밍

지금까지 반복되는 역사와 그 안에서 생겨나는 사이클을 통해, 금과 은 가격의 변화에는 사이클이 있고 이를 투자와 연결할 수 있다는 점을 말씀드렸습니다. 그렇다면 투자의 가장 기본이지만 많은 투자자가 어려워하는 매도 역시 사이클 분석을 통해 정확한 타이밍과 올바른 방향을 찾을 수 있습니다. 여러 분석을 통해 매수 타이밍을 알았다 해도 투자의 끝은 적절한 매도에 있습니다. 따라서 이번 파트에서는 성공적인 투자를 위해 금과 은을 제대로 매도할 수 있는 선결조건 설정부터 시작해서 올바른 매도 타이밍까지 말씀드리고자 합니다.

Chapter 1

선결조건
- 화폐와 금

• 성공적인 투자를 위한 선결조건 설정

투자 관련 격언 중에 "매수는 기술, 매도는 예술"이라는 말이 있습니다. 좋은 타이밍에 사는 것도 쉽지 않지만, 좋은 타이밍에 매도하는 것은 훨씬 더 어렵다는 이야기입니다. 그래서 만약 누군가가 여러분에게 "제가 무조건 최고점에서 팔 수 있도록 해드리겠습니다!"라고 이야기한다면 사기꾼이라고 생각하셔도 무방합니다. 저는 그저 매도 타이밍을 잡는 데 어느 정도 도움이 될 수 있는 팁을 알려드리고자 합니다.

매도 타이밍을 알려드리기 전에 먼저 알아두셔야 할 것이 있습니다. 우리는 상한 음식을 먹을 때 이상한 맛을 느낍니다. 그러나 그렇다고 해서 맛이 이상한 모든 음식을 상했다고 생각하지는 않습니다. 요리한 사람의 음식 솜씨가 매우 안 좋았다거나 혹은 다른 나라의 음식이라 내 입맛에만 잘 안 맞는 것일 수도 있으니까요.

'냄새를 맡아보고 맛을 봐서 이상하다고 느껴지면 상했다는 판단을 내린다'라는 단순한 기준에만 의지한다면 실제로는 상하지 않은 음식인데 상했다고 여기고 버리는 잘못을 범할 수도 있습니다. 따라서 어떤 상황을 판단할 때는 여러 가지 선결조건, 즉 일종의 기준을 정해놓고 그 기준에 부합하는지를 파악해서 판단해야 합니다.

음식도 마찬가지입니다. 상했을 때 나타나는 여러 선결조건을 미리 안 상태에서 그 특징이 보이면 상했다고 보는 것입니다. 좀 더 구체적으로 말하면 더운 날씨에 장시간 동안 햇볕에 노출된 음식이라든가, 혹은 유통기한이 지난 음식이라든가 하는 이런 선결조건들을 충족한 상태에서 맛도 이상하고 냄새도 이상하다면 그때 이 음식이 상했다고 판단할 수 있습니다. 그래야 가장 정확한 판단을 내리는 것입니다.

투자도 마찬가지입니다. 어떤 매도 시그널을 수신했을 때, 본인만의 선결조건 없이 단순하게 그 매도 시그널만 계속해서 보다 보면 잘못 해석해서 잘못된 판단을 내릴 수 있습니다.

따라서 우리는 가장 먼저 선결조건을 정해두어야 합니다. 즉, 금과 은의 가격이 최고점을 기록하기 전에 무조건 지날 수밖에 없는 지점을 파악하고, 이를 금과 은 매도 시그널의 선결조건으로 설정해야 합니다.

• 금과 화폐의 선결조건

만약 우리가 주식에 투자한다고 가정해봅시다. 오뚜기라는 기업의 주식을 사려고 하면 당연히 오뚜기는 어떤 기업인지에 관해서 잘 알고 있어야 합니다. 예를 들어서 '오뚜기는 식품 업체인데, 대부분의 매출은 라면에서 나오고 대표적인 라면 제품은 진라면이 있다'라는 식으로 관련 정보를 스스로 정리할 수 있어야 합니다.

마찬가지로 우리가 금에 투자하고 나서 적절한 매도 타이밍을 알기 위해서는 당연히 금에 관한 이해가 필요합니다. 그래서 제가 돈은 무엇인지, 돈과 화폐는 무엇이 다른지, 화폐는 왜 계속 늘어날 수밖에 없고 모든 화폐는 결국 어떻게 되는지에 관해서 말씀드렸던 것입니다.

짧게 요약하자면 돈은 곧 금입니다. 그리고 화폐란 금으로 교환할 수 있는 교환권입니다. 결국 우리가 돈이라고 '믿는' 원화나 달러가 실은 화폐인 것이죠.

1) 스타벅스 모바일 상품권

예를 하나 들어보겠습니다. 여러분도 대부분 그렇겠지만, 일반적으로 스타벅스 커피 교환권, 즉 스타벅스 커피 모바일 상품권을 구매하거나 선물로 받은 사람들은 이걸 곧바로 사용하지는 않습니다. 왜냐하면 이 교환권이 있으면 지금이 아니어도 언제든지 스타벅스에서 커피로 바꿀 수 있다고 믿기 때문입니다.

그런데 내가 3만 원짜리 스타벅스 모바일 상품권을 갖고 있는데 어느 날 갑자기 뉴스에서 스타벅스가 그동안 이 상품권을 시중에 너무 많이 발행해서 앞으로는 이 상품권을 다 커피로 바꾸어줄 수 없다고 발표했다는 소식을 접하면 어떻게 대처하실 것인가요? 특히 이것 때문에 스타벅스가 파산할 수도 있다는 소식까지 보면 어떻게 하실 것인가요? 아마 당장이라도 스타벅스로 달려가서 내가 가진 상품권을 사용하려고 할 것입니다.

그러나 스타벅스가 가진 재료나 상품은 한정되어 있으므로 수많은 사람이 동시에 상품권을 사용하러 오면 다 제값에 바꾸어줄 수는 없습니다. 그렇다면 "기존에는 아메리카노 1잔에 5,000원이지만, 이 아메리카노를 모바일 상품권으로 사려면 6,000원을 내야 한다. 아니면 7,000원을 내야 한다"라는 식으로 가격을 올려서 받을 것입니다. 그런데 그렇게 가격을 올려서 받는다고 해도 사람들은 어차피 못 쓰게 될 바에야 그렇게라도 바꾸는 게 낫다고 생각하고 당연히 바꿀 것입니다.

2) 금과 화폐

금과 화폐도 스타벅스 모바일 상품권과 마찬가지입니다. 화폐는 금으로 교환할 수 있는 교환권입니다. 이 화폐가 시중에 많이 늘어난다고 하더라도 모든 사람이 당장 내가 가진 화폐가 종잇조각이 될지도 모른다는 공포를 동시에 느끼지만 않는다면 한번에 금을 찾으러 가는 사람들은 많지 않을 것입니다. 그렇다면 금 가격은 크게 변동하지 않겠죠.

하지만 화폐가 너무 많아지면 어느 순간부터 사람들은 의심하기 시작합니다. 이 사실에 공포를 느껴서 금을 찾는 사람들이 점점 늘어날수록 이제 같은 금을 교환하기 위해서 더 많은 화폐를 들고 가야만 합니다. 즉, 금 가격이 높아지는 것입니다.

그렇다면 이 금 가격은 언제까지 올라갈까요? 적어도 모든 화폐를 다 금으로 교환할 수 있을 때까지는 상승합니다. 예를 들어서 금이 100개 있다고 가정해봅시다. 금 1개로 교환할 수 있는 교환권을 1달러로 치겠습니다. 처음에는 각 교환 비율에 맞추어서 100개의 금과 100달러가 있었습니다. 그러다가 시간이 지날수록 달러가 점점 늘어나면서 총 5,000달러쯤 되자 사람들은 의심과 공포를 느끼기 시작했습니다. 그래서 이때부터 점점 더 많은 사람이 달러를 금으로 교환하기 시작했습니다.

그런데 이때 만약 금 1개를 1달러로 교환해주면 100개의 금을 모두 다 교환해줘도 시중에 4,900달러가 남습니다. 그리고 그렇게 남은 달러는 당연히 금이 없으므로 이제 금으로 교환해줄 수 없습니다. 금과 바꾸지 못하는 달러는 종잇조각에 불과합니다. 그래서 점점 더 많은 사람이 달러를 금으로 바꾸려고 할 것이고, 그럴수록 사람들은 내가 가진 달러를 모조리 다 써서라도 달러를 금으로 바꾸려고 할 것입니다.

즉, 5,000달러로 100개의 금을 모두 교환해야 하는 상황이 되면 금 1개의 가격은 최소한 50달러까지는 상승합니다. 다시 말해서 금 가격은 적어도 금과 화폐의 비율이 동일한 순간까지는 상승합니다. 약간 어려운 내용일 수도 있습니다. 그래도 이 부분까지만 잘 이해하셨다면 이제 다음부터는 지표를 통해서 설명해드리고자 합니다.

· 금 대비 화폐 비율

〈그림 21〉은 쉽게 말씀드려서 현재 전 세계에 있는 금의 양과 화폐의 양을 비교한 그래프입니다. 즉, 이 그래프의 수치가 100%라는 것은 모든 달러를 금으로 바꿀 수 있다는 뜻입니다.

예를 들어서 세상에 10개의 금이 있는데, 금 1개당 10달러라면 현재 세상(시중)에는 100달러가 있어야 정상입니다. 그런데 만약 현재 세상에 1,000달러가 있다면 세상에 존재하는 모든 달러 중에

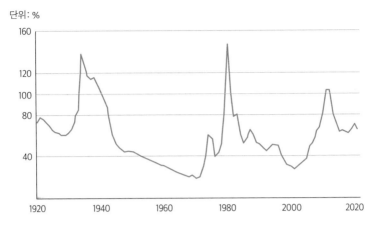

단위: %

출처: 세계금협회, macrohistory.net

서 실제로 금과 교환할 수 있는 달러의 비중은 10%에 불과합니다. 세상에 500달러가 있다면 20%가 되겠죠. 즉, 세상에 달러가 늘어날수록 황갈색 선이 기준선(100%)보다 아래로 내려가고, 금 가격이 오를수록 선도 기준선보다 올라간다고 보시면 됩니다.

그래프를 좀 더 살펴보겠습니다. 화폐는 기본적으로 탄생하는 순간부터 영원히 늘어날 수밖에 없는 숙명을 지니고 있습니다. 그래프에 대입해보면 선이 지속해서 아래로 내려가는 것으로 볼 수 있죠. 그러다 한계점을 넘어서는 순간이 되면 사람들이 화폐의 실제 교환 가능성을 의심하면서 다들 화폐를 금으로 바꾸려고 시도할 것입니다. 이때부터 금 가격이 올라가면서 선이 위로 올라가게 되는데요. 이게 바로 앞서 말씀드렸던 금 가격의 슈퍼 사이클입니다.

이후로는 최소한 세상에 풀린 모든 화폐를 다 금으로 바꿀 수 있을 정도까지 금 가격이 올라갈 것입니다. 그리고 그 시점까지 금 가격의 상승도 계속해서 이어집니다. 그래서 항상 모든 슈퍼 사이클에서는 금 대비 화폐 비율이 최소 100% 이상 상승했습니다. 조금 더 자세한 설명을 위해 금 가격을 추가해서 〈그림 22〉를 추가로 보여드리겠습니다.

〈그림 22〉처럼 금 가격이 고점을 기록한 것은 최소한 금 대비 화폐 비율이 100%를 넘긴 이후였습니다. 지금 시점에서는 이 비율이 55% 정도인데, 아직도 가야 할 길이 아주 멀었다는 뜻입니다.

정리해보면 다음과 같습니다. 금은 곧 돈입니다. 그런데 교환권

∘ 그림 22. 시대별 금 대비 화폐 비율 및 금 가격 변동 추이 ∘

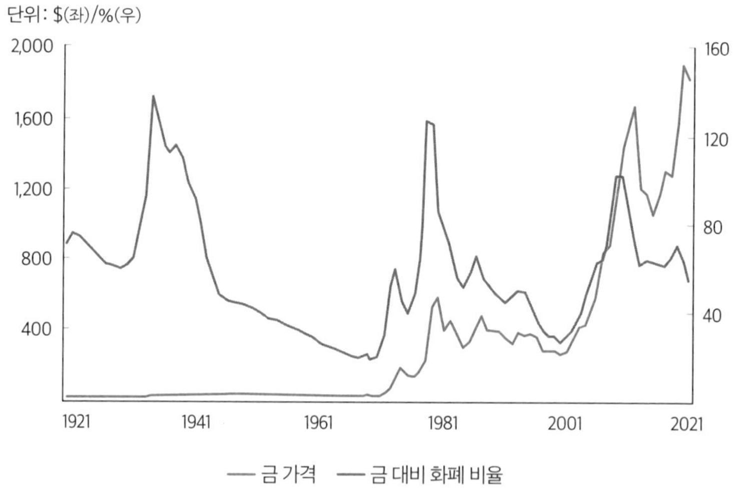

단위 : $(좌)/%(우)

출처: 세계금협회. stooq.com

인 화폐가 무한정으로 늘어나다 보면 어느 순간부터 사람들 사이에서 화폐에 대한 신뢰가 깨지고, 그로 인해 금 가격이 크게 상승하면서 다시 화폐와 금의 비율이 맞추어지는 사이클이 반복됩니다.

더 나아가면 금 대비 화폐 비율이 최소 100%를 넘어서기 이전에 매도하는 것은 섣부른 매도라는 것까지 알 수 있습니다. 그래서 금 대비 화폐의 비율이라는 선결조건이 충족된 이후에 금과 은의 매도 시그널을 예의주시하면서 매도한다면 적어도 너무 이른 시점에 매도하는 실수를 범하지 않을 수 있습니다.

○ Chapter 2 ○

금의 매도 시그널

• 매도를 어렵게 느끼는 이유

수많은 투자자의 이야기를 들어보면 하나같이 매도가 정말 어렵다고 이야기합니다. 사실 매도가 어렵게 느껴지는 이유는 다음의 두 가지 문제점 때문입니다. 이번 챕터에서는 그 이야기를 해보고자 합니다.

1) 모호한 투자 원칙
첫 번째로 본인만의 투자 원칙이 없거나 혹은 있다 해도 너무 모호하기 때문입니다. 내가 어떤 것에 투자할 때 이유 없이 투자했다는 것은 그 자체로 이미 문제입니다. 그런 경우는 대부분 모호한 기준으로 투자를 결정한 경우가 많습니다.

만약 제가 새로 출시된 라면을 먹어봤는데 맛있어서 이건 큰 매출 상품이 되리라는 예측으로 해당 기업에 투자했다고 가정해봅시다.

그런데 이 '맛있다'라는 기준은 사실 참 모호한 기준입니다. 매일이 라면을 먹는데도 어떨 때는 무척 맛있는가 하면 어떨 때는 맛이 그저 그럴 때도 있습니다. 이런 기준으로 투자한 사람은 라면이 맛있다고 느껴질 때는 역시 잘 투자했다고 느낄 것이고, 그저 그런 맛으로 느껴질 때는 잘못 투자했다고 생각하겠죠. 이처럼 투자를 결심한 이유가 모호하다면 투자를 결심하고 매수했을 때, 언제 매도해야 하는지 도통 감을 잡을 수 없게 됩니다.

이와 반대로 정확한 매수 기준을 정한 경우에는 어떨까요? 만약 신제품 라면의 판매량이 분기마다 계속 증가하는 것을 보고 이 기업에 투자했다고 생각해봅시다. 그렇다면 매도 기준도 굉장히 명확해집니다. 판매량이 더 이상 늘지 않거나 혹은 하락했을 때가 매도 타이밍입니다. 매수했던 이유가 사라진 것이니 당연히 매도해야 하는 순간인 것입니다.

이처럼 투자의 기준이 정확하지 않다면 당연히 판단도 어려울수밖에 없고, 그로 인해 잘못 판단하는 상황이 발생합니다.

2) 원칙에서 벗어난 판단

다음으로 두 번째는 매도 시그널을 매수한 이유가 아니라 다른 곳에서 찾으려 해서 그렇습니다. 아까의 예시를 다시 들어보겠습니다. 신제품 라면이 맛있어서 그 기업에 투자했다고 가정해봅시다. 그렇다면 매도의 이유도 당연히 그 제품의 맛이 변했다든가, 혹은 그 제품보다 더 맛있는 경쟁 제품이 나왔다든가 하는 것이 매도의 기준이 될 것입니다. 그런데 사람들은 항상 뜬금없이 미국의 기준 금리 인상이나 정부의 정책 등 다른 것들을 보고 매도할지 고민하는 경우가 많습니다. 그렇게 하면 당연히 매도가 어렵다고 느낄 수밖에 없고, 판단 역시 그르칠 수밖에 없습니다.

따라서 결론적으로 매도를 잘하기 위해서는 정확한 투자 기준이나 원칙을 설정하고 그 원칙을 지키기만 하면 됩니다.

· 금의 매도 원칙

결국 금과 은의 매도 원칙을 정하기 위해서는 금과 은을 어떤 이유로 매수했는지를 생각해보면 쉽습니다. 금과 은의 가격에 가장 큰 영향을 미치는 요소는 실질금리와 생산량인데요. 우리도 이 두 가지를 갖고 매도의 선결조건과 원칙을 정해야 합니다. 먼저 실질금리를 통해서 올바른 매도 타이밍을 알아보도록 하겠습니다.

우리는 실질금리가 마이너스가 되면 화폐에 대한 가치가 떨어지면서 화폐에 대한 신뢰가 깨지고, 사람들이 화폐를 버리고 금과 은으로 옮겨가기 시작한다는 것을 알았습니다. 그래서 실제로 그때부터 금 가격이 상승하기 시작했다는 것을 앞의 자료들로 확실하게 깨달으셨을 텐데요.

그렇다면 금 가격이 최고점일 때는 당연히 실질금리가 최저점일 때입니다. 실제로 실질금리가 최저점이었을 때 금과 은 가격은 어땠는지를 한번 알아볼까요?

〈그림 23〉에서 실질금리가 최저점이었던 시기를 보면 예상대로 금과 은의 가격이 최고점을 기록했던 시기와 맞물린다는 것을 알

。그림 23. 시대별 실질금리와 금과 은 가격 변동 추이 。

단위: %(좌)/$(우)

출처: 세인트루이스 연방준비은행

수 있습니다. 물론 실질금리가 언제 최저점일지 예측하기는 당연히 어렵습니다. 하지만 적어도 최저점 부근이라는 것은 일련의 패턴을 통해서 충분히 알 수 있는데요.

먼저 1970년대를 보시면 실질금리는 총 세 번의 저점을 기록하며 하락하는 모습이 나타납니다. 1971년에 첫 번째 저점을 기록하고 올라갔다가 다시 내려오면서 첫 번째 저점을 뚫고 더 하락합니다. 1975년에 두 번째 저점을 기록하고 올라갔다가 다시 두 번째 저점을 뚫고 더 하락합니다. 그리고 1980년에 세 번째 저점을 기록하며 실질금리의 최저점이 만들어졌습니다.

2000년대도 마찬가지로 총 세 번의 저점을 기록하며 하락하는데요. 이러한 패턴은 1930년대에도 똑같이 반복되었습니다. 따라서 실질금리의 최저점을 정확하게 맞출 수는 없지만, 최저점 부근이 어느 시기일지는 충분히 알 수 있습니다.

두 번째 저점은 첫 번째 저점보다 더 하향한 상태이고 세 번째 저점도 두 번째 저점보다 더 하향한 상태이므로 세 번째 저점을 기록하기 전에는 당연히 두 번째 저점을 지나게 됩니다. 따라서 두 번째 저점 이후 다시 한번 같은 위치에 오게 된다면 실질금리가 최저점에 가까운 시기라는 것을 알 수 있죠. 이처럼 실제 역사를 통해 반복되는 사이클과 규칙성을 파악해서 선결조건을 정할 수 있다면 올바른 매도 원칙을 세울 수 있습니다. 그렇다면 이 모든 시기에서 금과 은의 가격은 어땠는지를 보여드리겠습니다(〈그림 3〉 함께 참조).

골드플레이션

1) 1930년대

◦ 그림 24. 1930~1940년대 금과 은 가격 변동 추이 ◦

단위: $(좌: 금 가격/우: 은 가격)

— 금 가격 — 은 가격

출처: stooq.com

먼저 〈그림 24〉를 보면 1934년에 실질금리가 마이너스가 되었을 때 금과 은 가격의 상승이 시작되었다는 것을 알 수 있습니다. 그 이후 실질금리가 두 번째 저점에 다시 도달하게 되었던 시점(원 부분)을 살펴보면 은의 경우 최고점, 금의 경우는 최고점 직전인 시기였습니다. 따라서 분석을 통해서 살펴보면 이때가 아주 만족스러운 금과 은의 매도 타이밍이라는 것을 알 수 있습니다.

2) 1970년대

다음으로 〈그림 25〉를 통해서 1970년대를 분석해보면 금 가격은 최고점에 아주 가까운 시점이었지만, 은 가격은 최고점인 시점을

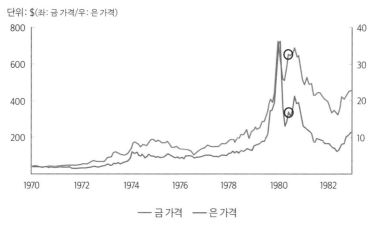

° 그림 25. 1970년대 금과 은 가격 변동 추이 °

단위: $(좌: 금 가격/우: 은 가격)

—— 금 가격 —— 은 가격

출처: stooq.com

살짝 지난 시기였습니다. 다만 은은 최고점 이후로 가격 하락이 매우 컸던 탓인지, 위치적으로 볼 때는 금과 다르게 아주 만족스럽지는 않은 시점이었다는 것도 알 수 있습니다.

3) 2000년대

그리고 마지막으로 〈그림 26〉을 통해서 2000년대를 보겠습니다. 그래프를 보면 금 가격은 아직 최고점을 지나지 않은 시점이었고 은 가격은 최고점을 아주 살짝 지난 시점이었다는 것을 알 수 있습니다.

　결론적으로 모든 사례를 분석해보면 실질금리가 두 번째 저점에 다다르는 시기라면 금은 항상 최고점, 혹은 최고점 부근에서 매도

골드플레이션

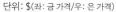
。그림 26. 2000년대 금과 은 가격 변동 추이 。

단위: $(좌: 금 가격/우: 은 가격)

출처: stooq.com

할 수 있는 좋은 타이밍이었지만, 은은 최고점을 다소 지난 시점이기 때문에 조금 더 빠르게 대응할 수 있는 원칙을 만들어야 한다는 것을 알 수 있죠.

즉, 실질금리가 두 번째 저점에 다시 도달하는 순간이 바로 금의 매도 타이밍이라는 것을 알 수 있습니다.

이처럼 실질금리와 금과 은의 가격을 비교하면 정확하게 최고점에서 매도하기는 어려워도 거의 최고점 부근에서 매도하는 데 큰 도움을 받을 수 있습니다. 즉, 올바른 매도 타이밍을 알 수 있습니다. 다음 챕터에서는 은의 매도 시그널을 좀 더 자세하게 말씀드리겠습니다.

Chapter 3

은의 매도 시그널

· 은의 매도 시그널 파악

기본적으로 은은 금보다 고점에 머무는 기간이 훨씬 더 짧습니다. 금 가격은 짧게는 1년에서 길게는 3년까지 고점에서 머물지만, 은은 짧게는 2개월, 길면 2년 정도만 고점에서 머물고 하락합니다. 또한, 하락하는 속도도 무섭도록 빠릅니다.

따라서 은은 금보다 더 예민하고 빠르게 대응할 수 있는 원칙이 필요합니다. 그래서 이번에는 또 다른 요소인 생산량을 통해 은의 매도 시그널을 수신하는 방법을 살펴보겠습니다.

· 은의 매도 원칙

1) 1930년대

〈그림 27〉은 1930년대부터 1940년대의 생산량 및 금과 은 가격의 변동 추이를 비교한 그래프입니다. 한눈에 볼 수 있도록 원래 은 가격에서 50~100배 정도 수치를 늘려서 금 가격과 같은 선상에서 볼 수 있게끔 만들었다는 점을 인지하시고 봐주시길 바랍니다.

1930년대는 금본위제 시기라 금 가격이 고정되어 있었고 은 또한 가격에 대한 통제가 상당했던 터라 가격 변동이 크게 일어나지는 않았습니다. 하지만 생산량이 줄어드는 시점부터 금과 은 가격이 상승했다는 것은 확실한 사실입니다.

◦ 그림 27. 1930~1940년대 생산량 및 금과 은 가격 변동 추이 ◦

단위: $(좌)/t(우)

출처: stooq.com

그렇다면 이제 정확한 매도 타이밍을 알아보기 위해서 금과 은 가격의 최고점을 살펴보겠습니다. 금 가격은 1947년에 최고점을 기록했고 은 가격은 1946년에 최고점을 기록했습니다. 은은 금보다 고점에 도달하는 시기가 더 빠르다는 것을 알 수 있습니다. 그렇다면 금과 은 가격이 최고점이었던 당시의 생산량을 한번 볼까요?

은 가격이 최고점을 기록한 순간은 1946년이었는데요. 바로 이 시점이 생산량은 최저점을 기록했다가 다시 상승하기 시작한 시점이었다는 것을 알 수 있습니다. 생산량이 최저점일 때가 곧 은 가격의 최고점이 아니라 생산량이 최저점을 기록하고 난 후로 1년이 지난 시점이 은 가격의 최고점이었습니다. 그리고 금은 생산량이 최저점을 기록하고 난 뒤 2년이 지난 시점이 최고점이었습니다.

그렇다면 다음 슈퍼 사이클에서는 어땠는지 〈그림 28〉을 통해서 한번 확인해보겠습니다.

2) 1970년대

1970년대부터는 금본위제가 폐지되어서 금과 은 가격의 변화 폭도 매우 커졌습니다. 이번에도 마찬가지로 생산량이 줄기 시작한 1971년부터 금과 은 가격이 상승하기 시작했습니다. 은 가격은 1979년이 최고점이었고 금 가격은 1980년이 최고점으로, 은이 금보다 1년 먼저 최고점에 도달한다는 것도 똑같았습니다. 그렇다면 금과 은 가격이 최고점일 때 생산량이 어땠는지도 살펴보겠습니다.

골드플레이션

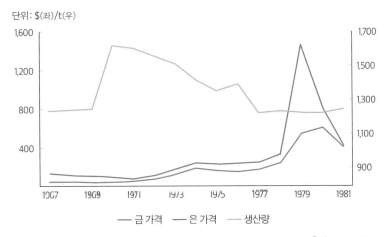

∘ 그림 28. 1970년대 생산량 및 금과 은 가격 변동 추이 ∘

단위: $(좌)/t(우)

— 금 가격   — 은 가격   — 생산량

출처: stooq.com

　　먼저 생산량이 최저점을 기록한 시점은 1977년이었는데요. 그 이후 2년이 지난 시점이 은 가격의 최고점이었습니다. 그리고 금 가격은 그로부터 1년이 더 지난 후가 최고점이었고요. 다음으로 2000년대의 사이클을 살펴보겠습니다.

3) 2000년대

2000년대의 사이클에서도 마찬가지로 생산량이 줄어들기 시작한 2002년부터 본격적인 상승이 시작되었습니다. 그리고 은 가격은 2010년, 금 가격은 2012년이 최고점인데요. 여기서는 금이 은보다 2년 뒤에 최고점을 기록하는 것처럼 보이지만, 사실 금 가격은 2011년에 최고점을 기록했습니다. 다만 이 그래프는 매년 12월

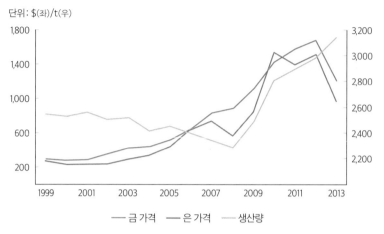

° 그림 29. 2000년대 생산량 및 금과 은 가격 변동 추이 °

단위: $(좌)/t(우)

— 금 가격　— 은 가격　— 생산량

출처: stooq.com

31일을 기준으로 삼아서 가격을 표시했으므로 아직 표시되지 않
았을 뿐입니다. 즉, 이때도 마찬가지로 은 가격이 최고점에 도달하
고 나서 1년이 지난 후에 금 가격이 최고점을 기록했다는 것을 알
수 있습니다.

　금과 은 가격이 최고점이었을 때의 생산량을 보겠습니다. 생산
량이 최저점을 기록한 시점은 2008년이었습니다. 그 이후로 2년이
지난 시점이 은 가격의 최고점이었고, 거기서 다시 1년이 더 지난
후가 금 가격의 최고점이었습니다.

　이로써 알 수 있는 점은 생산량이 최저점을 기록하고 난 뒤 2년
이 지난 시점이 바로 은 가격의 최고점이거나 혹은 그 부근이라는
사실입니다. 그리고 그로부터 1년이 지난 시점이 바로 금 가격의

최고점 혹은 그 부근이었죠.

이처럼 생산량 지표를 살펴보면 금과 은 가격의 최고점 부근이 언제인지를 알 수 있습니다. 그렇다면 지금까지 분석한 내용을 토대로 현재는 어떤 상태일지도 알아보겠습니다.

4) 현재

〈그림 30〉을 보면 생산량은 2018년에 최고점을 기록하고 그 이후로 하락하기 시작했습니다. 그로 인해 금과 은 가격도 그때부터 가격이 상승하기 시작했습니다.

언뜻 보면 생산량이 2020년에 최저점을 기록하고 상승하는 것처럼 보일 수도 있는데, 이런 잘못된 시그널에 속지 않기 위해서 우

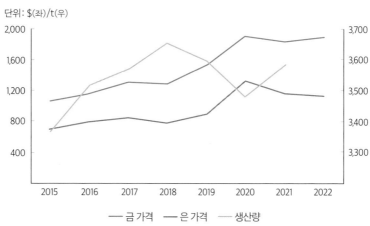

◦ 그림 30. 현재 생산량 및 금과 은 가격 변동 추이 ◦

단위: $(좌)/t(우)

출처: stooq.com

니는 선결조건을 항상 생각해야 합니다.

예를 들어서 2000년대의 생산량이 하락하는 것을 보면, 무조건 하락하는 것이 아니라 내렸다가 오르는 것을 매년 반복하면서 추세적인 하락이 이어졌기 때문이죠. 따라서 선결조건을 충족한 상황에서 생산량의 변화에 집중한다면 제대로 된 매도 시그널을 포착해서 적절한 매도 타이밍을 찾을 수 있습니다.

골드플레이션

∘ Chapter 4 ∘

금광주와 은광주의
매도 시그널

· 금광주와 은광주 대비 금과 은 투자 매도 타이밍 비교

금을 캐는 기업, 즉 금광주와 은을 캐는 기업, 즉 은광주의 매도 타이밍은 사실 금과 은의 매도 타이밍과 거의 똑같습니다. 왜냐하면 금광주 및 은광주와 금과 은의 가격은 거의 똑같은 형태로 움직이기 때문입니다.

　물론 일부 면에서 금광주와 은광주는 예외적인 매도 타이밍이 존재합니다. 그래서 이번에는 금광주와 은광주의 예외적인 매도 타이밍에 대해서도 알려드리도록 하겠습니다.

• 경제위기 예측과 투자 포트폴리오 대응

금광주와 은광주도 결국은 기업입니다. 기업은 실물 자산과 다르게 다양한 리스크가 항상 존재하는데요. 기업의 오너가 사업을 방만하게 운영한다든지, 임직원이 기업의 자금을 횡령한다든지, 혹은 자본 조달이 원활하지 않아서 자본 잠식에 빠진다든지 등 다양한 리스크가 존재합니다.

이 중에서도 가장 큰 리스크는 바로 경제위기에 대한 리스크인데요. 금광주와 은광주도 결국 기업이므로 경제위기가 발생하면 주가가 크게 하락하거나 심하면 파산까지 이어지는 경우도 상당히 많습니다.

또한, 금은 경제위기가 발생했을 때 내 자산을 지켜주는 안전자산이지만, 금광주에 투자했을 때 경제위기를 맞이하면 심각한 손실을 경험하게 됩니다. 이런 이유로 경제위기가 발생할 가능성이 큰 시기에 실물 금과 은, 금광주와 은광주를 모두 보유하고 있다면 금광주와 은광주를 매도하는 편이 더 낫다고 볼 수 있습니다.

세상의 누구라도 매번 경제위기 발생 시기를 정확히 맞출 수 있다면 이미 세계 10대 부자 반열에 올라갔을 것입니다. 한마디로 경제위기를 정확히 예측하는 것은 불가능합니다. 다만 경제위기에 대한 리스크가 커진 시점은 어느 때인지 예측하고 그때 내 투자 포트폴리오를 어떻게 대응할 것인지 정하면 위기에 대비할 수 있습니다.

따라서 저는 지금부터 경제위기에 대한 리스크가 커진 시점이 언제인지에 대해서 말씀드리고자 합니다.

·경제위기 시그널

세상의 모든 위기는 빚을 갚지 못할 때 발생합니다. 돈을 갚을 능력이 없는 기업이라 해도 은행에서 상환 요구를 하지 않고 영원히 대출을 연장해준다면 절대로 파산하지 않겠죠. 즉, 금리도 낮고 대출을 장려하는 시기에는 경제위기가 발생하지 않습니다.

그렇다면 경제위기는 언제 발생할까요? 당연히 금리가 올라가고 대출 규제가 생겨나는 시기에 발생합니다. 금리가 점점 오를수록 서서히 이자조차 갚지 못하는 기업들이 생겨납니다. 게다가 대출 규제가 강화될수록 대출 만기 시에 돈을 갚지 못하는 기업들은 점점 무너지기 시작합니다. 그러다가 한계점에 도달하면 경제위기가 발생합니다.

1) 기준금리와 경기 침체

〈그림 31〉은 1950년대부터 현재까지 미국의 기준금리를 나타낸 그래프입니다. 여기서 음영으로 표시한 부분이 바로 경기 침체 시기입니다. 이 시기를 자세히 보면 항상 기준금리가 최고점이거나

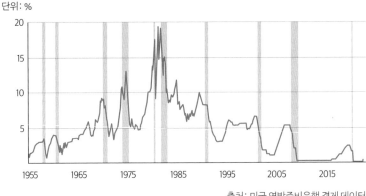

∘ 그림 31. 70년간 미국 기준금리 변동률 추이 ∘

단위: %

출처: 미국 연방준비은행 경제 데이터

혹은 최고점에서 금리가 다소 하락한 시점에 경기 침체가 찾아왔다는 것을 알 수 있습니다.

즉, 다시 말해서 기준금리가 상승하기 시작해서 최고점 부근에 이른 시기가 한편으로는 경제위기에 대한 리스크가 상당히 큰 시점이라고 생각해볼 수 있습니다. 그렇다면 기준금리가 최고점 부근이라는 것은 어떻게 알 수 있을까요?

2) 장단기 금리차와 기준금리

앞에서도 잠깐 다루었지만, 각국의 중앙은행이 결정하는 금리를 기준금리라고 합니다. 이 기준금리는 일주일짜리 대출의 금리 혹은 하루짜리 대출의 금리로, 초단기 대출의 금리라고 생각하시면 됩니다. 그래서 3개월짜리 혹은 2년짜리 대출의 금리를 대표적인 단기

금리라고 부르는데, 이러한 단기금리는 중앙은행의 기준금리에 가장 큰 영향을 받습니다.

이와 반대로 10년 혹은 30년짜리 대출의 금리는 장기금리라고 부릅니다. 장기금리는 경제 상황에 가장 큰 영향을 받는데요. 경제 상황이 좋아서 돈을 빌리려는 사람이 많으면 금리가 올라가고, 반대로 경제 상황이 좋지 않아서 돈을 빌리려는 사람이 적으면 금리가 떨어진다고 생각하시면 이해하기 쉽습니다.

정리하자면, 단기금리는 중앙은행이 올리고 내리는 기준금리에 가장 크게 영향을 받고 장기금리는 경제 상황에 가장 크게 영향을 받습니다.

그런데 상식적으로 단기로 돈을 빌리는 것보다 장기로 돈을 빌렸을 때 돈을 못 갚을 리스크가 더 크기 때문에 기본적으로 단기금리보다 장기금리의 금리가 더 높습니다.

이런 장기금리와 단기금리의 차이를 '장단기 금리차'라고 부르는데요. 때로 이 장단기 금리차가 역전되는 일이 발생하곤 합니다. 다시 말해서 단기금리가 장기금리보다 더 높아지는 시기가 생긴다는 것인데요.

이런 일이 생기는 이유는 요약하면 이렇습니다. 중앙은행이 기준금리를 올리면서 단기금리가 상승하는데, 그로 인해 기업들의 이자 부담이 늘어나고 대출 만기 시기가 도래했을 때 돈을 못 갚는 기업들도 생겨납니다.

이렇게 기업들이 도산하거나 어려워질수록 당연히 경제가 불황을 맞이하게 되어 장기금리가 하락해 단기금리가 장기금리보다 높아지는 현상이 발생하는 것입니다.

이런 상황이 되면 중앙은행은 경제 상황을 고려해야 하기에 더이상 금리를 올리기가 어렵습니다. 그래서 이 시기는 항상 기준금리가 최고점 부근이었습니다.

〈그림 32〉는 미국의 기준금리와 장단기 금리차를 겹쳐놓은 그래프입니다. 그래프에서 장단기 금리차가 역전되었던 순간들을 보면 기준금리가 항상 최고점 부근이었습니다. 그 말은 결국 경제위기에 대한 리스크가 상당히 높은 시기라는 말과 같습니다.

∘ 그림 32. 시대별 미국 장단기 금리차 및 기준금리 변동률 추이 ∘

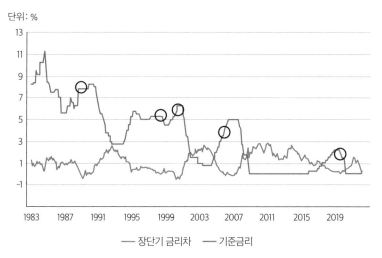

단위: %

출처: 미국 연방준비은행 경제 데이터

골드플레이션

• 경제위기 상황과 대응 방법

그렇다면 이렇게 경제위기 리스크가 커진 시점에서는 어떻게 대응하는 게 좋을까요?

경제위기가 터졌을 때는 큰 손실이 발생하는 자산을 줄이고 안전자산을 일정량 이상 보유하는 것이 좋습니다. 앞에서 말씀드린 내용을 적용하면 금광주와 은광주 대신에 실물 금과 은을 보유하는 게 가장 좋습니다.

특히 그중에서도 가장 좋은 것은 무엇일까요? 바로 금입니다. 금은 달러로 표시되는 자산이므로 경제위기가 발생하면 원달러 환율이 치솟으면서 우리나라 안에서도 금 가격이 치솟습니다. 다음의 실제 사례를 바탕으로 더 자세하게 말씀드리겠습니다.

1) IMF

〈그림 33〉은 IMF 당시의 금 가격을 다룬 그래프입니다. 이때 국제 금 시세는 약 −20% 하락했지만, 한국에서는 금 가격이 약 70% 넘게 상승했습니다.

같은 기간 동안 우리나라의 주식 시장은 약 −70% 넘게 폭락했다는 점을 생각하면 금 투자는 경제위기 상황에서 내 자산을 지키는 것을 넘어서 큰 수익을 가져다주고, 한편으로는 저렴해진 자산을 더 많이 살 기회까지 가져다준다는 것을 알 수 있습니다.

단위: %

—— 국제 금 가격　—— 한국 금 가격

출처: stooq.com, investing.com

2) 글로벌 금융위기

〈그림 34〉는 글로벌 금융위기 시기의 금 가격을 다룬 그래프입니다. 글로벌 금융위기 상황에서 금 가격의 하락은 매우 제한적이었지만, 치솟는 환율로 인해 우리나라의 금 가격은 오히려 더 높이 상승했습니다. 수치로 표현하면 해당 기간 동안 국제 금 시세는 최대 약 -5% 하락하는 데 그쳤지만, 우리나라의 금 가격은 약 60% 넘게 상승했습니다.

이 당시 우리나라의 주가 지수는 약 -50% 하락했고 미국의 주식 시장도 마찬가지로 약 -50% 하락했습니다. 따라서 IMF 위기처럼 우리나라만의 위기가 발생했을 때도 금 투자가 정답이었고, 글로벌 금융위기의 순간에도 내 자산을 제대로 지키고 큰 수익을

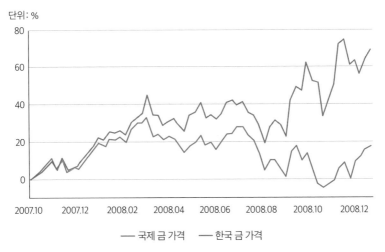

° 그림 34. 글로벌 금융위기 시기 금 가격 변동률 추이 °

단위: %

출처: investing.com

버는 옳은 선택이었다는 것을 그래프를 통해서 알 수 있습니다.

즉, 경제위기에 대한 리스크가 커진 시점에서는 금광주와 은광주를 매도하고 실물 금을 보유하는 편이 가장 현명하다고 볼 수 있습니다.

그렇다면 차라리 금 대신 달러를 갖고 있어도 되는 것은 아닌지 궁금해하실 수도 있는데요. 당연히 경제위기 상황에는 달러를 보유하는 것이 금을 보유하는 것보다 더 큰 수익을 얻을 수 있습니다.

그러나 제가 처음에 말씀드렸던 부분을 기억해주시면 좋겠습니다. 우리는 경제위기에 대비하려는 것이지, 경제위기에 베팅하려는 것이 아닙니다. 이 목적을 분명하게 기억하셨으면 좋겠습니다.

게다가 만약 달러를 보유했는데 시그널을 잘못 수신해서 경제위기가 발생하지 않고 지나가거나 혹은 약한 수준의 위기에 그친다면 오히려 더 큰 손실을 볼 수도 있습니다. 반면에 금은 경제위기가 발생해도 환율의 상승으로 수익이 나서 충분한 대응이 되고, 만약 위기가 발생하지 않고 지나간다면 기존의 추세대로 상승이 이어질 것이므로 문제가 없겠죠.

결론적으로 금과 은의 슈퍼 사이클 기간에 경제위기 리스크가 커진 시점에서는 실물 금으로 위기 상황에 대비하는 것이 가장 현명한 방법입니다.

골드플레이션

Chapter 5

출구 전략 수립

· 최후의 출구 전략

금과 은 투자는 정확한 매도 시나리오와 선결조건을 정하고 투자에 임하더라도 상당히 긴 기간이 필요한 장기 투자입니다. 평균적으로 약 10년이라는 긴 시간 동안 투자하다 보면 시그널을 착각하거나 잘못 해석하는 경우가 발생할 수 있습니다. 혹은 과거에 비슷한 매도 시그널 패턴이 항상 반복되었다 하더라도 이번에는 반복되지 않을 수도 있다는 점까지 고려한다면 당연히 출구 전략^{exit plan}을 만들어서 대비해두는 것이 좋습니다.

분명히 선결조건을 충족했는데 매도 타이밍이 보이지 않는 상황이 있습니다. 이런 상황에서는 '내가 지금 금이나 은을 보유하는 게 맞나, 아니면 탈출해야 하나?'라는 생각이 들 것입니다. 이런 생각이 들 때가 분명 찾아오게 될 텐데요. 이번 챕터에서는 이럴 때 정확하게 판단할 수 있는 원칙을 알려드리도록 하겠습니다.

· 추세추종의 원칙

앞에서 금은 공급 측면에서 독특한 특성을 갖고 있어서 상승이나 하락이 매우 길고 분명한 추세를 갖고 있다고 말씀드렸는데요. 그래서 추세추종 투자법을 통해 상승 추세와 하락 추세를 판단해 투자하는 방법을 알려드렸습니다.

　　파트 2에서 〈그림 17〉을 통해서 금 가격과 추세추종 투자법의 수익률을 비교해봤는데, 이 그래프를 한 번 더 활용하겠습니다.

　　〈그림 35〉에서 보이는 대로 추세추종 투자법으로 투자했을 때의 자산 변화 그래프를 다시 보면 상승 추세를 읽기 위해서는 신중한 자세가 필요하다는 것을 알 수 있습니다. 상승 추세로 바뀌기 전인데 상승 추세라고 잘못 판단해서 투자하는 경우도 종종 발생하기 때문입니다. 한마디로 상승 반전 시그널은 오신호가 잦습니다.

　　하지만 상승 추세 중에 하락 반전 시그널은 대부분 정확히 고점

	금 가격	추세추종 투자
누적 수익률	4,000%	24,100%
최대 손실	-64.97%	-34.03%

단위: $(1달러 투자 시 수익 금액)

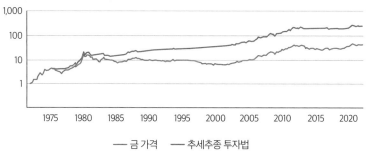

—— 금 가격　—— 추세추종 투자법

출처: portfoliovisualizer.com

에서만 나왔습니다. 물론 1975년에 오신호가 발생하기는 했지만, 이때의 조정은 회복하는 데 약 3년이 걸릴 만큼 큰 조정이었기에 오히려 매도하는 것이 더 효율적이었습니다. 따라서 상승 추세 중에 하락 반전 시그널이 나온다면 항상 금을 매도해서 빠져나오는 것이 현명한 방법입니다.

그리고 이를 통해서 정확한 판단 기준을 세울 수 있습니다. 만약 선결조건이 충족된 상태에서 매도 타이밍이 나오지는 않았지만, 심리적으로 불안해진다면 오늘의 금 가격과 1년 6개월 전의 금 가격을 비교해보면 됩니다. 그렇다면 현재 금이 상승 추세인지, 아니면 하락 추세인지를 바로 알 수 있어서 잘못된 판단을 내리지 않을 수 있습니다. 그리고 예전과 다른 패턴, 즉 매도 시그널이 발생하지 않았는데 하락 추세가 시작되었다 하더라도 추세추종 원칙으로 판단하면 늦지 않은 시점에 적절히 잘 매도할 수 있죠.

하지만 은은 다릅니다. 앞서 다룬 것처럼 은은 고점에 머무는 기간도 짧을뿐더러 고점 이후의 하락률이 매우 가파르기 때문에 추세추종 원칙으로 판단해서 매도하면 매우 늦습니다.

따라서 은에 투자하려면 되도록 세상 이슈들이나 주변 사람의 간섭은 무시하고, 나만의 원칙을 정확히 지킬 수 있는 마음가짐을 가졌을 때 투자할 것을 권해드립니다.

· 매도 원칙 총정리

이번 챕터의 내용을 정리하겠습니다. 다른 투자와 마찬가지로 금과 은 투자 시에는 오신호를 잘못 해석해서 잘못된 판단을 하지 않기 위해서 선결조건을 정해야 합니다. 금과 은의 가격은 항상 금 대비 화폐의 비율이 최소 100%를 넘어선 후에야 최고점을 기록했기 때문에 먼저 이 조건이 충족된 상태에서 매도 시그널을 예의주시해야 합니다.

금은 실질금리가 두 번째 저점에 다시 다다르는 시점을 매도 타이밍으로 잡았고, 은은 생산량이 2년 이상 횡보하거나 상승한 시점을 매도 타이밍으로 잡았습니다. 또한, 만약 매도 시그널이 나오지 않았는데 심리적으로 불안할 때는 추세추종 원칙을 통해서 매도를 결정합니다. 즉, 현재 금 가격을 1년 6개월 전의 금 가격과 비교해봐서 현재 금 가격이 더 높다면 상승 추세이므로 계속 보유하고, 반대로 현재 금 가격이 더 낮다면 하락 추세이므로 매도를 통해 탈출하면 됩니다.

이렇게 상황별 매도 원칙을 다 정해놓으면 매도가 전혀 어렵지 않습니다. 아마 여러분도 이것을 모두 이해했다면 더 이상 매도가 어렵게 느껴지지 않을 것입니다. 결국 투자자들이 투자할 때 매도가 어렵다고 느끼는 이유는 처음에 말씀드렸다시피 정확한 투자 원칙이 없기 때문입니다.

다만 제가 알려드린 방법이 유일한 정답은 아니므로 어떤 방법이든지 본인만의 투자 원칙을 확실하게 정하고 투자에 임하신다면 항상 만족스러운 결과를 얻으시리라고 생각합니다.

Part 4

금과 은
투자 방법

금과 은에 투자할 때는 언제 사고팔아야 하는지에 관한 것을 이해하는 것도 중요하지만, 어떻게 사고팔아야 하는지에 관한 것도 매우 중요합니다. 금과 은에 투자할 수 있는 방법은 정말 다양한데요. 투자 방법마다 특징이 다 다르므로 이런 것들을 제대로 이해하지 못한 채로 투자하면 생각지도 못한 손해로 비효율적인 투자가 될 수 있습니다. 그래서 이번 파트에서는 각 투자 방법의 특징에 관해서 자세하게 말씀드리고, 어떤 상황에 어떤 투자를 하는 것이 가장 좋은지 알려드리도록 하겠습니다.

ETF와 ETN 투자

• ETF와 ETN의 개념

금과 은의 투자 방법으로 가장 먼저 알려드릴 것은 ETF^{Exchange Traded} Fund^(상장지수펀드)와 ETN^{Exchange Traded Note}(상장지수채권)입니다. ETF 와 ETN을 최대한 쉽게 설명해드리면 특정 자산의 가격을 그대로 쫓아가도록 설계한 투자 상품을 주식 시장에 상장시켜 누구나 쉽게 거래할 수 있도록 한 것으로 생각하시면 됩니다.

예를 들어서 금 가격을 그대로 쫓아가도록 설계한 펀드를 주식 시장에 상장시켜 거래할 수 있도록 한 것은 금 ETF이고, 은 가격을 쫓아가도록 설계한 깃이 은 ETF입니다. 이 외에도 우리나라의 주식 시장인 코스피 지수를 그대로 쫓아가도록 설계한 코스피200 ETF도 있습니다.

그런데 사실 일반적인 투자자들에게는 ETF와 ETN의 약자가 무슨 내용인지 분석해서 알려드리거나 그 유래가 어떻고, 어디서 어떻게 운용하는지 등의 세부적인 내용을 일일이 다 설명해드리면 이해하기도 어려우실 테고 잘 와닿지도 않을 것입니다.

그보다는 ETF와 ETN의 장단점과 주의사항은 무엇이며 어떤 사람들에게 잘 맞는 투자 상품인지를 더 궁금해하실 것 같은데요. 그래서 이번 챕터에서는 이 부분을 말씀드리고자 합니다.

· ETF와 ETN 투자법

ETF와 ETN에 투자하는 방법은 다음과 같습니다. 증권사 계좌를 하나 만들고, 해당 증권 애플리케이션(어플)이나 HTS^{Home Trading System}에 들어가서 종목 검색란에서 ETF 탭을 누릅니다. '금'이나 '은'을 검색하면 나오는 다양한 상품 중에서 하나를 골라 주식처럼 거래하면 됩니다. 대표적인 상품으로는 금의 경우 '삼성 금 선물 ETN(H)'라는 것이 있고 은의 경우 'KODEX 은 선물(H)'라는 ETF 상품이 있습니다.

· ETF와 ETN의 장점

1) 편의성

먼저 ETF와 ETN의 장점부터 말씀드리자면 첫 번째로 투자가 아주 간편합니다. ETF와 ETN은 주식 시장에 상장되어 있으므로 내가 이용하는 증권사가 있다면 주식처럼 쉽게 거래할 수 있습니다.

즉, ETF와 ETN은 각종 주식 투자 플랫폼에서 검색해서 주식처럼 바로 수분할 수 있어서 투자할 때 아주 편리하다고 할 수 있습니다.

2) 소액 투자

두 번째 장점은 소액으로도 투자할 수 있다는 점입니다. 실물 금은 1돈의 가격이 30만 원에 가까워서 투자하려면 적지 않은 돈이 필요한데요. ETF와 ETN은 5,000원에서 1만 원 정도의 투자금만 있어도 투자할 수 있습니다. 즉, 투자금이 소액이어도 얼마든지 투자할 수 있다는 장점이 있죠.

3) 환헤지 상품 활용

세 번째 장점으로는 환換헤지라는 것이 있습니다. 금과 은은 기본적으로 달러로 표시하므로 금과 은의 국제 시세가 올라도 원달러 환율이 그것보다 더 많이 하락하면 우리나라의 금과 은 가격은 하락합니다. 그런데 ETF와 ETN 상품 중에서 이런 변수를 고려하지 않아도 되는 환헤지 상품들이 있습니다. 상품명 맨 뒤에 '(H)'라고 표기된 것들이 있는데, 이것이 바로 환헤지 상품입니다.

환헤지는 환율 변동에 따른 리스크를 없애고자 현재 수준의 환율로 거래액을 고정하는 것을 의미합니다. 거래액을 고정하면 당연히 이런 변수를 고려하지 않아도 됩니다.

ETF와 ETN의 환헤지 상품은 오로지 금과 은의 국제 시세를 추종하게끔 설계되었으므로 투자 시 환율에 따른 변수를 고려하지 않아도 된다는 장점이 있습니다.

4) 레버리지 상품 활용

마지막으로 네 번째 장점은 레버리지leverage 상품을 활용할 수 있다는 점입니다. ETF와 ETN 중에도 레버리지 상품들이 있는데요. 변동폭이 2배 혹은 3배인 상품들입니다.

쉽게 말해서 금 가격이 10% 상승하면 20% 혹은 30%의 수익을 얻을 수 있는 상품들이죠. 물론 반대로 10% 하락하면 -20% 혹은 -30%의 손실을 보게 됩니다.

따라서 레버리지 상품은 상승장에서 잘 투자하면 확실히 좋은 결과를 얻을 수도 있지만, 잘못된 시점에 투자하면 훨씬 더 큰 손실을 감당해야 합니다. 그래도 레버리지 상품을 활용할 수 있다는 것 자체는 분명 ETF와 ETN의 장점으로 꼽을 수 있습니다.

· ETF와 ETN의 단점

1) 상장 폐지 리스크

ETF와 ETN은 이렇게 다양한 장점이 있는 상품이지만, 반대로 단점도 상당히 많은데요. 먼저 상장 폐지 시의 리스크가 있습니다.

ETF와 ETN은 특정 자산의 시세를 그대로 쫓아가도록 설계되어 있지만, 때때로 시장이 급변하는 시기에는 그 시세를 제대로 추종하지 못할 때가 발생한다든지, 혹은 투자자의 수가 너무 적든지, 혹은 그 상품을 운용하는 회사가 파산한다든지 하는 특별한 상황이 발생해서 문제가 생길 수 있습니다. 그럴 경우 해당 ETF와 ETN이 상장 폐지되어 사라질 수 있습니다. ETF와 ETN에 투자할 때는 이런 리스크를 항상 고려해야 합니다.

물론 ETF와 ETN은 상장 폐지된다고 하더라도 주식처럼 휴지조각이 되는 것이 아니라 해당 상품의 순자산가치에 맞는 투자금을 돌려받을 수 있기는 합니다. 그러나 그렇게 되면 투자의 기본인 매도 타이밍 설정을 제대로 할 수 없게 됩니다. 즉, 결국 내가 원하지 않는 시점에 매도하게 될 수도 있습니다.

혹은 2020년 4월의 경우처럼 원유의 선물 가격이 마이너스가 되면서 여기에 투자했던 투자자들이 모든 돈을 잃는 상황이 발생할 수도 있죠. 이 외에도 ETN에 투자했는데 해당 증권사가 파산하면 모든 투자금을 잃을 수도 있습니다. 좋은 시점에 잘 투자했는데 이러한 일들로 손실을 보게 된다면 상당히 억울할 것입니다.

2) 세금 부담

그리고 또 다른 단점으로는 세금이 있습니다. 우리나라에 상장된 금과 은 ETF와 ETN은 배당소득세로 15.4%의 세금을 내야 합니다. 여기서 배당소득세 15.4%라는 것은 한마디로 내가 얻은 수익의 15.4%를 내야 한다는 것입니다.

금과 은은 한 번 슈퍼 사이클이 시작되면 가격이 많게는 20~30배까지 상승할 정도로 상승 가능성이 큰 자산입니다. 만약 해당 ETF와 ETN에 1,000만 원을 투자해서 20배의 수익을 얻으면 투자 수익금이 2억 원이지만, 배당소득세로 15.4%, 즉 약 3,000만 원을 세금으로 내야 합니다.

게다가 사실 이렇게 수익이 크면 금융종합소득과세 기준에도 해당해서 세금을 더 내야 합니다. 금과 같은 원자재 ETF나 ETN에 투자해서 연 2,000만 원 이상의 수익이 발생하면 다른 소득과 합쳐서 최대 45%의 세금을 내야 할 수도 있습니다. 이런 상황에 놓인 투자자라면 당연히 세금과 관련해서 큰 부담을 느낄 것입니다.

결국 ETF와 ETN은 금과 은 투자에 첫발을 내딛는 분들이 크지 않은 금액으로 투자해보시기에 아주 괜찮은 투자 방법입니다. 하지만 큰 금액으로 투자하시는 분들이라면 세금 관련 부담이나 다양한 리스크가 있어서 다른 방법을 더 추천해드립니다.

골드플레이션

Chapter 2

KRX 금시장 투자

• KRX 금시장의 개념

이번 챕터에서는 금 투자를 하시는 분들에게 제가 개인적으로 가장 추천해드리는 방법 중 하나인 KRX^{Korea Exchange} 금시장에 관해서 알려드리도록 하겠습니다.

KRX 금시장은 개인 투자자가 주식처럼 쉽게 금을 매매할 수 있도록 정부가 만든 금 거래 시장인데요. 금에 투자할 때 정말 효율적이면서도 간편하게 이용할 수 있어서 아주 괜찮은 투자 방법입니다. 이제부터 KRX 금시장의 장단점을 알려드리도록 하겠습니다.

• KRX 금시장의 장점

1) 편의성

먼저 장점부터 말씀드리겠습니다. 첫 번째로 아주 간편합니다. KRX 금시장은 ETF와 ETN에 투자하는 것처럼 모든 증권사의 증권 어플이나 HTS로 투자할 수 있는데요. 다만 기존에 보유한 주식 계좌가 있더라도 금 현물 계좌라는 것을 하나 더 개설해야 거래할 수 있습니다.

금 현물 계좌는 증권사마다 개설 방법이 다릅니다. 오프라인 지점에 직접 방문해서 개설해야 하는 경우도 있고, 비대면으로 쉽고 간편하게 만들 수도 있습니다.

예를 들어서 NH투자증권의 금 현물 계좌 개설은 비대면으로도 가능해서 쉽게 개설할 수 있습니다. 그리고 거래 방법도 주식과 완전히 똑같아서 매우 간편하죠.

2) 소액 투자

다음으로 두 번째 장점은 소액으로도 투자할 수 있다는 것입니다. 물론 ETF처럼 1만 원도 안 되는 금액으로 투자할 수 있는 것은 아니지만, 금 최소 거래 단위가 1g이라 약 7만 원 정도(2022년 4월 기준)만 있어도 투자할 수 있습니다. 소액 투자인 만큼 금 투자 시 첫발을 내디뎌보기에 적절한 투자 방법이죠.

골드플레이션

3) 비과세

그리고 세 번째 장점은 세금이 없다는 점입니다. 일반적으로 다른 투자 방법들은 수익이 나면 배당소득세로 15.4%를 내거나 양도소득세로 22%를 내야 합니다. 그러나 KRX 금시장은 수익이 발생해도 어떠한 세금도 부과되지 않습니다. 심지어 연 수익이 2,000만 원을 넘어가면 내야 하는 금융종합소득과세 대상에도 포함되지 않습니다. 금과 은처럼 상승 가능성이 큰 자산에 투자할 때 세금을 내야 한다면 정말 부담되는 일이 아닐 수 없는데, 세금이 없다는 것은 엄청난 이점이라고 볼 수 있죠.

4) 낮은 수수료

다음으로 네 번째 장점은 매우 낮은 수수료입니다. ETF는 수수료가 0.68%라서 저렴하기로 유명한데, KRX 금시장은 0.22%로 훨씬 더 저렴합니다. 즉, KRX 금시장은 이미 세금이 부과되지 않는다는 점에서 장기 투자 방법으로도 아주 효율적인데 수수료까지 저렴해서 단기 투자 시에도 상당히 괜찮은 투자 방법입니다.

5) 실물 인출 가능

마지막으로 다섯 번째 장점은 실물 인출이 가능하다는 점입니다. KRX 금시장에 투자한 금은 99.99% 순금에 투자하는 것이라 내가 투자한 모든 금은 한국예탁결제원에서 안전하게 보관해줍니다. 또한, 고객이 원하면 실물 인출이 가능합니다.

다만 인출 단위가 100g, 1kg이라 이보다 적은 소량의 금은 인출할 수 없습니다. 또한, 실물로 인출할 때는 부가가치세 10%와 인출 수수료가 부과되기에 상당한 비용이 발생합니다.

그래서 실제로 실물 금을 인출하는 것은 비효율적이기는 하지만, 다른 투자 상품들과는 다르게 실물에 투자한다는 점만 놓고 보면 상당히 안정적이며 신뢰성 있는 투자 방법입니다.

· KRX 금시장의 단점

이처럼 KRX 금시장은 세금도 없고 수수료도 저렴하며 신뢰성 있는 투자 방법인 만큼 단점은 많지 않은 편입니다. 그런데도 굳이 단점을 꼽아보자면 크게 다음의 두 가지 정도가 있습니다.

1) 불안정한 투자 심리

첫 번째 단점으로는 어쨌든 디지털화된 자산이기 때문에 심리적으로 취약할 수 있다는 점입니다.

예를 들어서 새우깡 1봉지를 샀다고 가정해봅시다. 그런데 다음 날 같은 가게에서 새우깡을 반값으로 할인해서 파는 것을 보았습니다. 이런 일을 겪으면 물론 기분은 나쁘겠지만, 그게 심리적으로 불

골드플레이션

안해지거나 잘못된 판단을 내리게 할 정도로 큰 부담이 되지는 않습니다. 하지만 주식과 같은 금융 자산에 투자했을 때 이런 상황이 발생하면 어떨까요?

금융 자산 투자는 실시간으로 가격이 변동하는 만큼, 내 자산이 늘어나거나 줄어드는 것을 바로 눈으로 확인할 수 있습니다. 그래서 내가 투자한 금의 가격이 -10% 정도 떨어지면 정말 내 자산인 금이 -10%니 손해가 일어난 것을 눈으로 바로 확인할 수 있어서 심리적으로 불안한 상태가 지속됩니다.

이런 상황에 처하면 장기 투자를 결심했던 초심과는 다르게 중간에 잘못된 판단을 내리는 경우도 종종 생깁니다.

결국 투자할 때 가장 중요한 것이 심리적인 부분인데, 이 부분에서 취약점이 생길 수도 있는 상태를 계속 유지하며 투자한다는 것 자체가 이미 상당한 리스크라고 볼 수 있습니다.

2) 정부의 통제 가능성

다음으로 두 번째 단점은 정부의 통제 가능성입니다. 극단적인 상황에 이르면 내가 투자한 금을 정부의 통제로 인해 돌려받지 못할 수도 있습니다.

계속 말씀드린 대로 금과 은의 가격이 크게 상승하는 시기는 화폐의 가치가 크게 폭락하는 시기입니다. 가장 대표적인 예시로 IMF 시기를 생각해보겠습니다.

IMF 당시 우리나라의 화폐 가치가 폭락하자 국내의 달러와 금 가격이 크게 치솟았습니다. 국가는 국가적인 경제위기 상황이 발생하면 이에 대처할 수 있도록 은행과 기관에 예치된 달러와 금의 인출을 막을 권리를 갖고 있는데요. 당시에도 이런 정부의 통제로 인해 우리의 자산이라고 믿었던 금을 정부에 헐값으로 넘겨주는 상황이 발생했습니다.

그런데 앞으로 경제위기 상황이 다시 발생하지 않는다는 보장은 없으니, 엄밀히 말해서 극단적인 상황에서 정부의 통제 가능성은 여전히 존재합니다.

1934년 미국에서도 당시 루스벨트 대통령이 행정 명령으로 「금보유법」을 시행했습니다. 이 법이 시행되자 은행에서 금을 인출하는 길이 막히고 모든 사람이 금을 거래하거나 심지어 소유하는 것까지도 불법이 되었습니다. 그리고 금을 보유한 사람들은 정부에 본인의 금을 팔아야만 했는데, 1온스당 20달러라는 헐값에 넘기도록 요구받았죠.

이때 실물로 보유한 사람들은 자기 금을 지킬 수 있었지만, 은행이나 기관에 예치된 금에 투자했던 사람들은 대부분 금을 빼앗길 수밖에 없었습니다.

물론 이런 사례는 극단적인 사례지만, 금 가격이 오르는 시기 자체는 화폐의 가치가 폭락하는 위기의 상황이므로 앞으로 얼마든지 이런 일들이 반복될 수도 있다는 점을 염두에 두어야 합니다.

○ Chapter 3 ○

금광주와 은광주 투자

· 금광주와 은광주 투자의 효용성

투자 격언 중에 "장난감을 사는 대신에 장난감을 만드는 기업의 주식을 사라"라는 격언이 있습니다. 장난감은 사는 순간부터 감가減價가 일어나고 시간이 지날수록 때가 타고 망가지면서 가격이 점점 더 하락합니다. 하지만 장난감을 만드는 기업은 계속 매출을 일으키므로 장난감 기업에 투자하는 것은 내 자산이 늘어나는 길입니다. 그래서 투자의 관점에서는 장난감을 사는 것보다 장난감을 만드는 기업의 주식을 사는 것이 더 현명하다는 뜻입니다.

이런 측면에서 금을 생각해보면 어떨까요? 금은 내가 갖고 있으면 이자나 배당금을 받지 못할뿐더러 보관할 공간도 있어야 하므로 비효율적인 부분이 있습니다. 그런데 만약 금을 캐는 기업에 투자하면 평소에는 꾸준히 기업의 배당금을 받을 수 있고 금 가격이 상승하면 해당 기업의 매출이 많이 증가할 테니 주가도 상승해 시세차익까지 노릴 수 있습니다. 또한, 내가 직접 금을 보관할 필요도 없으므로 편리함까지 있죠.

그래서 실제로 금 대신 금광주에 투자하는 사람들도 있는데요. 금광주와 은광주에 투자하는 방법을 말씀드리기 전에 먼저 금광주와 은광주에 투자하는 것이 정말 현명한 선택인지부터 확실하게 점검하고 투자하는 게 좋겠죠? 그래서 이번 챕터에서는 가장 먼저 금광주에 투자했을 때 금보다 더 좋은 성과를 거둘 수 있는지부터 알려드리겠습니다.

· 금광주와 금

전 세계에서 가장 크고 유명한 금광 기업은 양대 산맥이 있습니다. 배릭 골드와 뉴몬트 골드코프Newmont Goldcorp라는 기업인데요. 원래는 배릭 골드가 세계 최대의 금광 기업이었지만, 2019년에 뉴몬트가 골드코프를 인수한 이후부터 뉴몬트 골드코프가 세계 최대 금광 기업이 되었습니다. 그래서 금광주와 금을 비교하기 위해서는 이 두 기업과 금을 비교해야 합니다. 여기에 모든 금광주를 모은 금광주 ETF까지 포함해서 금광주의 대표주자 셋과 금의 성과를 비교해보겠습니다.

1) 상승률 비교

〈그림 36〉은 2006년부터 2021년까지의 금과 금광주의 가격 상승률을 겹쳐서 그래프로 만든 것입니다. 해당 기간 동안 금 가격은 약 200%의 상승률을 달성했습니다. 하지만 금광주들은 상대적으로 매우 저조한 성과를 보였습니다. 그래프를 보면 세계에서 가장 큰 금광 기업인 뉴몬트만 아주 미미하지만 그래도 간신히 수익권을 유

∘ 그림 36. 16년간 금 및 금광주 가격 상승률 추이 ∘

단위: %

출처: investing.com

지했고, 배릭 골드와 금광주 ETF는 오히려 손실 중이라는 것을 알수 있습니다. 그렇다면 이번에는 금 가격이 하락했던 시기에 금광주들은 어땠는지 보겠습니다.

2) 하락률 비교

〈그림 37〉은 2008년 글로벌 금융위기 때 금과 금광주의 하락률을 겹쳐서 그래프로 만든 것입니다. 음영으로 표시한 부분처럼 당시 금 가격은 약 -25% 하락했습니다.

주목할 만한 점은 해당 기간 동안 금광주들은 훨씬 더 처참하게 하락했다는 점입니다. 이번에도 그나마 선방한 뉴몬트가 -50% 정

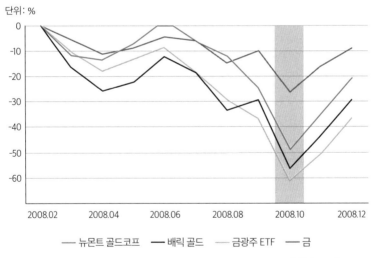

∘ 그림 37. 2008년 금 및 금광주 가격 하락률 추이 ∘

출처: investing.com

도로 거의 반토막이 났으며 배릭 골드와 금광주 ETF는 -60% 가깝게 하락했습니다.

〈그림 36〉과 〈그림 37〉을 통해 실제 사례를 비교해본 결과, 금 대신 금광주에 투자하면 장기적으로는 더 낮은 수익과 더 큰 하락 리스크를 얻는다는 것을 알 수 있습니다.

• 은광주와 은

다음으로 은과 은광주에 관해서 말씀드리고자 합니다. 일단 기본적으로 앞서 말씀드렸던 것처럼 은만을 캐는 기업은 거의 없습니다. 즉, 은은 주로 금이나 구리, 납, 아연 등과 같은 다른 광물들을 캐면서 함께 추출합니다. 이 말은 사실상 금광주를 은광주라고 생각해도 크게 다르지 않다는 말입니다.

실제로 대표적인 은광주 ETF인 SIL^{Global X Silver Miners} ETF의 주식 보유 비중을 살펴보면 대부분 금광주 ETF에 포함된 주식들과 크게 다르지 않다는 것을 알 수 있죠.

다만 은을 캐는 비중이 매우 큰 기업으로 팬 아메리칸 실버^{Pan American Silver}라는 기업이 있습니다. 그래서 팬 아메리칸 실버(은광주)와 은 가격의 변동 추이를 비교해 은 대신 은광주에 투자하는 것이 더 현명했는지 실제로 확인해보겠습니다.

〈그림 38〉은 2001년부터 2020년까지 은광주와 은 가격의 변동 추이를 겹쳐서 그래프로 만든 것입니다. 그래프를 보면 2000년부터 2007년까지의 상승 기간 동안 은 가격의 상승 폭보다 은광주의 상승 폭이 훨씬 큰 것을 알 수 있습니다.

하지만 2008년 글로벌 금융위기 때 은광주는 훨씬 더 크게 폭락했습니다. 그 이후로 2011년에 고점을 기록하기 전까지는 은광주가 오히려 은보다 더 저조한 성과를 보였습니다.

전체적으로 보면 은광주가 은보다 더 성과가 좋을 때도 있고 부진할 때도 있지만, 특히 가격이 하락할 때는 훨씬 더 큰 충격이 있었다는 사실을 알 수 있습니다. 즉, 은광주도 금광주처럼 더 큰 하락 리스크가 있습니다.

◦ 그림 38. 20년간 은 및 은광주 가격 변동 추이 ◦

단위: $

출처 : investing.com

골드플레이션

· 금광주와 은광주의 부진 이유

그렇다면 도대체 왜 금광주와 은광주는 금과 은보다 더 성과가 부진할 수밖에 없었던 것일까요? 그 이유는 결국 금광주와 은광주도 기업이기 때문입니다. 기업은 항상 리스크가 존재합니다. 즉, 오너가 사업을 방만하게 운영할 수도 있고 횡령처럼 큰 사건이 일어날 수도 있으며 아니면 자금난으로 인해 파산할 수도 있는 다양한 리스크를 갖고 있습니다. 결국 어떤 기업이 10년 뒤에도 아무 문제가 없으리라고는 그 누구도 확신할 수 없습니다.

그러나 금과 은은 10년이 지나든, 100년이 지나든 그대로 금과 은입니다. 이런 연유로 오히려 리스크가 없는 금과 은에 장기 투자하는 사람들이 훨씬 더 많아서 하락할 때도 덜 하락하고 장기적으로도 더 높이 상승하는 것입니다.

· 소형 금광주와 은광주의 반란

그런데도 적어도 금과 은 가격이 상승하는 시기만큼은 금과 은 투자보다 금광주와 은광주 투자가 성과가 더 좋습니다. 특히 금광주와 은광주 중에서도 특정 기업들은 금과 은보다 수십 배 이상 더 큰 폭으로 상승하기도 합니다.

한 가시 예로 실버코프 메탈스^{Silvercorp Metals}라는 기업을 말씀드리 겠습니다. 캐나다에 기반을 둔 광산 회사인데요. 워낙 규모가 작아 서 은 가격이 조금만 변해도 매출의 변동성이 상당히 큽니다. 그래 서 그만큼 주가의 변동도 큰 편입니다. 다음의 그래프를 통해서 더 자세하게 설명해드리고자 합니다.

〈그림 39〉는 슈퍼 사이클 기간이었던 2000년부터 2011년까지 의 은 가격과 실버코프 메탈스 은광주의 상승률을 비교한 그래프입 니다. 그래프에 따르면 은 가격이 약 810% 상승할 때 실버코프 메 탈스의 은광주는 약 8,200% 상승하면서 은의 상승보다도 10배가 량 더 높게 상승했습니다. 다른 은광주 중에서는 해당 기간 동안 약

∘ 그림 39. 슈퍼 사이클 기간 은 및 은광주 가격 상승률 추이 ∘

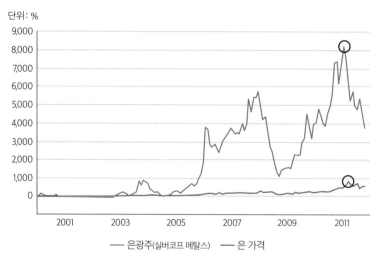

출처: investing.com

골드플레이션

1,000배 상승한 기업도 있습니다. 1,000%가 아니라 1,000배입니다. 즉, 10만 %가량 상승한 것입니다.

따라서 금과 은의 슈퍼 사이클 시기에는 오히려 규모가 작고 매출 변동이 큰 폭으로 움직이는 기업에 투자할수록 더 높은 수익을 얻을 수 있습니다. 물론 그만큼 변동성도 심하고 다양한 리스크에 노출된다는 단점도 있습니다.

금광주와 은광주 투자는 이처럼 상당히 리스크가 크므로 투자 포트폴리오에서 너무 큰 비중으로 투자하는 것은 절대로 권하지 않습니다. 다만 적은 비중(투자금의 10% 정도)으로 투자하는 것은 좋습니다. 그렇게 하면 리스크는 줄이고 높은 수익을 노려볼 수 있습니다.

· 금광주와 은광주 투자법

이제 본격적으로 금광주와 은광주에 투자하는 방법에 관해서 알려 드리겠습니다. 일단 금광 기업과 은광 기업은 대부분 해외 기업들이므로 금광주와 은광주에 투자하기 위해서는 해외 주식 투자를 해야 하는데, 몇몇 특정 증권사는 이때 해외 주식 계좌를 따로 개설해야 합니다.

해외 주식 계좌를 따로 개설하려면 증권사에 문의하거나 인터넷으로 해외 주식 계좌 만드는 방법을 찾아서 직접 계좌를 개설해야 합니다. 이렇게 해외 주식에 투자할 수 있는 상태가 되었다면 증권 어플에 들어가서 해외 주식 투자 탭으로 이동한 후 내가 투자할 금 광주와 은광주의 이름이나 티커^{ticker}(약자)를 입력하면 됩니다.

예를 들어서 아까 말씀드린 실버코프 메탈스를 찾기 위해서는 '실버코프 메탈스'라고 입력하거나 혹은 'SVM'이라고 입력하면 해 당 기업을 찾을 수 있습니다. 그 이후로는 평소에 주식 거래를 하는 것처럼 매수하면 쉽게 투자하실 수 있습니다.

· 금광주와 은광주의 장점

이어서 금광주와 은광주에 투자했을 때의 장단점은 어떤 것들이 있 고, 또 이 방법을 어떤 사람들에게 추천하는지도 설명해드리겠습니 다. 먼저 장점은 다음과 같습니다.

1) 더 큰 가격 상승 가능성

첫 번째 장점은 금과 은의 슈퍼 사이클에서 훨씬 더 큰 수익을 노려 볼 수 있다는 점입니다. 이번 챕터의 앞에서 설명해드렸다시피 기 본적으로 금광주와 은광주들은 적어도 슈퍼 사이클에서만큼은 금 과 은보다 더 크게 상승합니다. 특히 규모가 작고 매출 변화가 큰 폭으로 움직이는 기업일수록 상승 효과가 더 크므로, 금광주와 은광주 투자는 투자 시기만 잘 조율하면 금과 은 투자보다 더 높은 수익을 얻을 수 있습니다.

2) 쏠쏠한 배당 수익

다음으로 두 번째 장점은 금과 은에 투자하는 것과 달리 꾸준히 배당금을 받을 수 있어서 장기 투자에 유리하다는 점입니다. 모든 기업이 투자자에게 배당금을 주는 것은 아니지만, 수익성이 좋은 우량 기업 중에서는 꾸준히 배당금을 주는 기업들도 많습니다. 대표적으로 세계 최대 금광 기업인 뉴몬트 골드코프와 배릭 골드가 있고, 로열 골드Royal Gold라는 기업도 있습니다.

이렇게 배당금을 주는 기업에 투자하면 금광주나 은광주의 가격이 다소 지지부진하게 상승하거나 하락하더라도, 분기마다 배당금을 꾸준하게 받을 수 있습니다. 게다가 배당금은 수익 면에서도 좋지만, 투자자 입장에서는 가격 변동에 둔감해져 투자 심리적으로 안정된 상태를 유지하는 데도 도움이 될 수 있습니다.

· 금광주와 은광주의 단점

1) 더 큰 리스크

이제 반대로 단점을 알아보겠습니다. 첫 번째 단점은 아까 말씀드렸던 장점의 반대 상황일 경우입니다. 즉, 투자 시기를 정확하게 맞추지 못했을 때는 더 낮은 수익과 더 큰 리스크를 부담하게 된다는 점입니다.

금광주와 은광주의 장기 투자 수익률은 금과 은보다 낮은 경우가 대부분이고 특히 경제위기를 맞이하면 금과 은보다 훨씬 더 큰 하락을 경험하게 됩니다. 또한, 금광주와 은광주는 기업인 만큼 상장 폐지로 인해 모든 돈을 다 날릴 수도 있다는 리스크도 있습니다.

2) 세금 부담

다음으로 두 번째 단점은 세금을 내야 한다는 점입니다. 해외 주식의 경우 시세차익으로 수익을 얻으면 양도소득세로 수익의 22%를 정부에 내야 합니다. 물론 1년에 250만 원까지는 공제해주지만, 기본적으로 금과 은은 한 번 슈퍼 사이클에 돌입하면 수십 배 이상 상승할 정도로 상승 폭이 큰 자산이고, 심지어 금광주와 은광주는 이보다도 상승 폭이 더 큰 투자 자산입니다.

결국 금광주와 은광주로 큰 수익을 얻으면 그만큼 내야 할 세금의 액수도 매우 커집니다. 여기에 더불어서 배당금을 받을 때도 세금을 내야 하는데요. 받은 배당금의 15.4%를 배당소득세로 내야 합니다.

골드플레이션

○ Chapter 4 ○

실물 투자

• 실물 투자의 개념

'금 투자' '은 투자'라고 하면 일반적으로 가장 먼저 떠오르는 것은 금괴나 은괴를 금은방에서 사는 형태입니다. 그러나 사실 금과 은을 실물로 투자하는 방법은 매우 다양합니다. 또 실물의 종류도 상당히 많은데요. 이 정보를 모르고 금과 은 투자를 시작하면 정말 큰 손실을 볼 수도 있습니다.

그러나 세상에는 이에 관한 정보가 너무 적고 또 편중되어 있어서 금과 은 투자에 관심이 생겼다 하더라도 이런 정보를 접하기가 쉽지 않습니다. 그래서 이번 챕터에서는 금과 은 실물 투자의 모든 것을 알려드리려고 합니다.

· 실물 투자의 특징

가장 먼저 실물 투자의 특징을 설명해드리고자 합니다. 실물 투자는 기본적으로 엄청난 거래 비용이 필요합니다. 실물 금과 은 투자도 마찬가지입니다. 살 때는 부가세로 10%를 내야 해서 일단 사자마자 -10% 정도 손실을 보고 시작하게 될뿐더러 살 때와 팔 때의 가격이 달라서 손실이 또 발생합니다. 즉, 살 때는 좀 더 비싸게 주고 사고, 팔 때는 좀 더 싸게 팔아야 합니다. 특히 금은 살 때와 팔 때의 가격 차이가 작게 날 때는 약 2%에서 많이 날 때는 약 5%까지도 납니다.

종합해서 계산해보면 실물 금 투자는 사자마자 부가세를 포함해서 약 -12~15%까지 손실을 보고 시작하게 된다는 것입니다. 은은 이 가격 차이가 조금 더 심한데요. 적을 때는 약 10%에서 많을 때는 약 15%까지도 납니다. 따라서 실물 은 투자는 부가세를 포함해 약 -20~25%의 손실을 보고 시작합니다.

이렇게만 보면 정말 비효율적인 투자라고 생각할 수도 있지만, 실제로는 여러 가지 방법을 통해서 이러한 손실을 하나도 보지 않

골드플레이션

고도 투자할 수 있습니다. 다만 대부분의 투자자는 이런 사실을 전혀 모르므로 실물 투자를 잘 고려하지 않습니다. 그러나 투자자로서 실물에 투자하지 않는 것은 실물만이 가진 특별한 이점들을 모두 놓치는 것입니다. 심지어 앞에서 말씀드린 손실을 감수하더라도 실물이 가진 이점은 충분히 매력적인데 말이죠.

그렇다면 실물 투자 방법에 관해서 본격적으로 설명해드리기 전에, 실물 투자가 어떠한 이점을 가졌는지에 관해서 먼저 알려드리도록 하겠습니다. 크게 세 가지로 나누어볼 수 있습니다.

· 실물 투자의 특별한 이점

1) 심리적 안정감

실물 투자만이 가진 첫 번째 이점은 바로 심리적 안정감입니다. 주식에 투자한 수많은 직장인 투자자는 직장에서도 몰래 주식 창을 바라봅니다. 왜 그럴까요? 심리적으로 불안하기 때문입니다.

주식 투자자의 입장에서 주가가 시시각각 변하는 것은 곧 내 자산이 계속 변하는 것과 같습니다. 그래서 주가 창에서 내가 얼마를 잃었고, 내 자산이 얼마나 줄어들었는지 보게 된다면 이성적인 판단을 하기 어려운 상태가 됩니다.

처음에는 이 주식이 정말 상승하리라고 확신했다 하더라도 이렇게 불안한 감정 상태가 지속되면 정상적인 판단을 할 수 없는 것이죠. 유럽의 워런 버핏이자 주식의 신이라고 불리는 앙드레 코스톨라니^{André Kostolany}는 이런 말을 남겼습니다.

> "주식을 사라. 그리고 수면제를 먹고
> 10년 뒤에 깨어나보면 부자가 되어 있을 것이다."

언뜻 보면 주식에 장기간 투자하면 부자가 된다는 말로 들릴 수도 있지만, 사실은 조금 다른 의미가 숨겨져 있습니다. "'좋은 주식에 장기간 투자하면 부자가 될 수 있다'라는 명제는 사실이지만, 그 과정을 견디기는 정말 쉽지 않으니 차라리 수면제를 먹고 10년간 잠드는 편이 투자가 성공하는 지름길이다"라는 것이죠.

내 자산이 시시각각 변동하는 것을 눈으로 직접 보면서 감정의 동요가 일어나지 않는 사람은 없습니다. 하루에도 수십 개의 경제 이슈들이 등장하고 수많은 사람의 의견이 쏟아지며 주가가 요동치는 상황에서 버튼 클릭 한 번이면 팔 수 있는데 몇 년이나 버튼을 안 누르며 장기간 투자할 수 있는 사람이 과연 몇이나 될까요? 정말 쉽지 않은 만큼 장기 투자에 성공하는 사람은 드뭅니다.

그래서 실제로도 부동산에 투자해서 성공할 확률이 주식에 투자해서 성공할 확률보다 훨씬 더 높습니다. 부동산은 사고파는 과정이 상대적으로 복잡하고 가격 변동이 심하지도 않을뿐더러 가격 변동 상황을 주식처럼 바로 확인할 수 없기 때문입니다. 다시 말하면 심리적으로 안정된 상태를 장기간 유지할 수 있다는 것입니다.

코스톨라니는 이런 말도 남겼습니다.

> "투자는 심리 게임이다. 투자의 성패를 결정하는 것은 10%의 지식과 90%의 심리다."

투자를 잘하기 위해서는 심리적으로 불안감을 가지면 안 된다는 말입니다. 이런 내용을 바탕으로 보면 금과 은 투자에서도 실물은 아주 큰 이점을 갖고 있습니다.

이것은 실제로 투자를 해봐야지만 진정으로 이해할 수 있는 부분인데요. 만약 오늘 10돈짜리 골드바를 샀다고 가정해봅시다. 즉, 실물 투자입니다. 그런데 내일 갑자기 금 가격이 떨어진다고 해도 내가 산 골드바의 일부분이 떨어져 나가 9돈짜리 골드바가 되지는 않습니다. 이처럼 실물 투자는 가격이 오르든, 떨어지든 10돈짜리 골드바를 그대로 보유할 수 있어서 가격 변동에 둔감해집니다.

마치 그림을 사는 것과도 비슷한데요. 만약 아주 좋아하는 화가의 그림을 샀다고 가정해봅시다. 우리 집에서 가장 잘 보이는 곳에 그림을 걸어두면 볼 때마다 기분이 좋겠죠? 그런데 만약 며칠 뒤에 그 그림의 가격이 조금 내려간다고 해서 불안해질까요? 당연히 그렇지 않을 것입니다.

금과 은도 마찬가지로 실물로 사면 가격이 시시각각 변해도 내가 산 골드바와 실버바는 그대로이므로 심리적인 측면에서 안정감을 가질 수 있어서 아주 유리한 상태로 투자를 할 수 있습니다. 즉, 심리적 안정감은 실물 투자만이 갖는 특별한 이점입니다.

2) 리스크 제로

다음으로 두 번째 이점은 모든 리스크로부터 자유롭다는 것입니다. 금광주나 은광주에 투자하면 앞서 말씀드렸던 기업의 리스크로 인해 투자자가 큰 손실을 볼 가능성이 있습니다. 최악의 경우, 상장 폐지가 된다면 투자자는 모든 돈을 잃게 될 수도 있습니다.

그리고 ETF와 ETN도 상장 폐지가 될 수 있습니다. 물론 상장 폐지된다고 해서 주식처럼 모든 돈을 잃는 것은 아니지만, 그 과정에서 약간의 손실이 발생할 수도 있고, 또 내가 원치 않는 시점에 매도를 하게 될 수도 있습니다.

게다가 「금 보유법」처럼 내가 투자한 금을 정부의 통제로 헐값에 빼앗길 가능성도 얼마든지 있죠. 금과 은 가격이 상승하는 시점은 곧 화폐의 가치가 폭락하는 시점이므로 금과 은의 슈퍼 사이클에서는 이런 각종 리스크가 상당히 빈번하게 발생합니다. 그러나 실물 투자는 상장 폐지나 오너 리스크도 없고, 정부가 빼앗을 수도 없으니 모든 리스크로부터 자유롭습니다. 이처럼 리스크로부터 자유롭다는 점 또한 실물 투자만의 특별한 이점입니다.

3) 하방경직성

마지막으로 세 번째 이점은 급격한 가격 변동 시 가격 방어가 잘된다는 점입니다. 만약 편의점에 가서 새우깡을 하나 사서 집에 놓아두었다고 가정해봅시다. 내일이 되니 갑자기 그 편의점에서 새우깡을 반값으로 할인해서 판매하고 있습니다. 50% 할인받은 새우깡을 사 와서 어제 산 새우깡과 비교해가며 먹어보면 맛이 다를까요? 특별한 이상이 없다면 둘은 같은 양에 같은 맛일 것입니다.

금과 은도 마찬가지입니다. 오늘 골드바 1돈을 32만 원에 구매했습니다. 내일 그 골드바가 35만 원으로 올랐다면 내일 판매하는 골드바가 더 좋은 골드바일까요? 당연히 아닙니다. 그저 가격만 바뀌었을 뿐입니다.

5000년 전에 만들어진 금을 발굴해서 잘 닦으면 내가 어제 산 금과 본연의 가치는 다를 게 없습니다. 금과 은은 그냥 금과 은입니다. 딱히 큰 변화는 없습니다. 다만 가격만 바뀔 뿐이죠.

만약 마트에 갔는데 폭탄 세일이라면서 똑같은 물건을 싸게 판매한다면 엄청난 수요가 몰리겠죠? 금과 은도 마찬가지입니다. 특정한 경제 이슈로 인해 금과 은 가격이 크게 하락한다면 어제와 동일한 금과 은을 오늘은 훨씬 저렴한 금액에 살 수 있게 되어 그때부터 엄청난 수요가 순식간에 일어납니다.

그래서 경제에 특별한 이슈가 발생했을 때 금과 은의 국제 가격은 −30%, 심지어는 −50%까지 하락하는 일이 생기곤 하지만, 실물 금과 은 가격은 크게 하락하지 않는 일이 벌어지곤 합니다.

실제로 2008년에 글로벌 금융위기가 발생했을 때 금 가격은 약 -30% 하락했고 은은 약 -50% 하락하면서 큰 폭락이 있었는데요. 이렇게 가격이 크게 하락했을 때 만약 ETF나 KRX 금시장과 같은 디지털 자산에 투자한 투자자라면 정말 그만큼 자산이 하락했을 것입니다. 하지만 실물의 경우는 좀 다른데요. 다음의 그래프를 통해서 조금 더 자세하게 분석해보겠습니다.

〈그림 40〉은 2008년 글로벌 금융위기 당시 은 프리미엄(웃돈)의 변화를 보여주는 그래프입니다. 실제로 글로벌 금융위기를 맞이하자 은 가격은 21달러에서 10달러로 거의 반토막이 났습니다. 그러자 실물 은을 구입하려는 수요가 폭증했는데, 이때 은화(실물 은)는

◦ 그림 40. 2008년 글로벌 금융위기 시기 은 프리미엄 변동률 추이 ◦

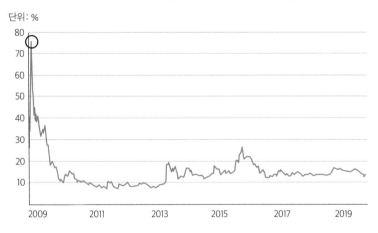

단위: %

출처: goldchartsrus.com

골드플레이션

프리미엄이 약 75%나 붙어서 약 18달러라는 가격을 유지했습니다. 이와 비슷한 현상이 최근 코로나 팬데믹 때도 있었습니다.

〈그림 41〉은 2020년 코로나 팬데믹 당시 은 프리미엄의 변화를 보여주는 그래프입니다. 은 가격은 18달러에서 12달러로 약 -33% 하락했지만, 이때도 실물 은을 사려는 수요가 폭증하면서 프리미엄이 무려 40% 가까이 붙어서 실물 은의 가격은 약 17달러를 유지했습니다.

이처럼 모든 투자자는 투자할 때 반드시 한 번 이상은 이런 큰 가격 변동을 겪을 수밖에 없습니다. 만약 이런 급격한 변동의 시기에 디지털 자산에 투자하고 있었다면 가장 먼저 심리적으로 상당히 큰 충격을 받게 될 것입니다. 또 만약 급하게 돈이 필요한 시점이 이

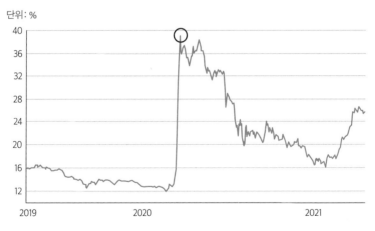

◦ 그림 41. 2020년 코로나 팬데믹 시기 은 프리미엄 변동률 추이 ◦

출처: goldchartsrus.com

시기와 겹치기라도 한다면 상당히 큰 손실을 볼 수도 있습니다. 결국 이런 상황에서는 실물 투자가 더욱더 특별할 수밖에 없습니다.

이렇게 실물 투자만이 가진 다양한 이점들 덕분에 저 역시도 금과 은 투자는 대부분 실물 투자를 했습니다. 이제 실물 금과 은의 종류에는 어떤 것들이 있고 또 어떤 투자가 효율적인 투자인지에 관해서 알려드리겠습니다.

· 실물 금과 은의 종류와 특징

먼저 실물 금과 은의 종류를 말씀드리겠습니다. 실물 금과 은의 종류는 크게 '코인'과 '바'의 두 가지이며, 은으로만 만들 수 있는 '그래 늏granule'까지 포함하면 세 가지로 나누어볼 수 있습니다.

1) 코인(주화)

코인은 각국의 조폐국(미국, 캐나다, 호주, 오스트리아 등)에서 생산한 실물 자산으로, 위조 방지 기술이 적용된 아름다운 형태의 주화입니다. 조폐국에서 발행하는 만큼 세계적으로 인지도가 있고 순도와 중량 등 여러 면에서 가장 높은 신뢰성을 갖고 있습니다.

그리고 코인은 법률상 강제 통용력과 지불 능력이 주어진 법정화폐法定貨幣입니다. 각국에서 생산하는 코인마다 액면가가 다르게 지정되어 있으며 해당 법정화폐를 위조하면 중범죄인 화폐위조죄로 처벌받습니다.

이런 이유 등으로 법정화폐인 코인은 전 세계적으로 가장 인기 있는 실물 자산 중 하나입니다. 특히 수요가 폭증할 때는 프리미엄이 많이 붙고 수요가 적을 때도 어느 정도의 프리미엄은 유지하는 경향이 있습니다. 게다가 코인처럼 인기 있는 제품들은 환금성換金性도 뛰어난 편입니다.

2) 바(괴)

다음으로 바는 영화나 드라마에서 많이 보셨을 것입니다. 즉, 골드바(금괴)나 실버바(은괴) 등이 바로 대표적인 바입니다.

바 중에서도 해외 브랜드 제품은 국내에 수입될 때 법정화폐와 다르게 8%의 관세가 추가로 붙으므로 사실상 거의 유통되지 않는 편입니다.

그러나 국내에는 대성금속, 아시아골드, 조폐공사, 한국금거래소, 국제금거래소처럼 인지도 있는 거래소가 있어서 주로 우리나라 안에서만 유통되며, 유통 시에는 이 거래소의 골드바나 실버바가 주로 유통됩니다.

바의 가장 큰 특징은 저렴하다는 것입니다. 왜냐하면 코인의 중량은 보통 1개당 1트로이온스[4]인데요. 1트로이온스는 약 31.1g으로, 1kg짜리 골드바 1개는 32개의 골드 코인과 비슷한 중량을 가지고 있습니다.

이를 뒤집어서 생각해보면 1kg짜리 골드바는 한 번에 만들 수 있지만, 동일한 중량의 골드 코인은 32개를 만들어야 한다는 뜻입니다. 즉, 같은 무게를 만들더라도 바보다 코인의 공임[4]이 더 많이 들어갑니다.

결국 골드 코인의 가격을 구성하는 요소 중에서 순수한 금값의 비중은 골드바보다 더 적고 공임은 더 높은 편이라 같은 중량의 골드바가 훨씬 더 저렴할 수밖에 없습니다.

바는 코인보다 프리미엄이 적은 편이고 변동 폭 또한 크지 않은 편이라 투자 시에는 상황에 따른 전략이 필요합니다. 즉, 코인에 프리미엄이 적게 붙은 시기에는 코인에 투자하는 게 유리하고, 반대의 상황에는 바를 사는 것이 효율적인 전략입니다.

한편으로, 바는 코인과 마찬가지로 형태상 보관하기 쉽습니다. 이처럼 저렴하며 보관이 용이하고 해외로 이동이 어렵다는 특성 때문에 국내에서 투자용으로 거래되는 실물 금과 은 자산의 대부분은 골드바와 실버바입니다. 그만큼 국내에서는 가장 많이 유통되기에 환금성 또한 뛰어납니다. 저 역시 바를 가장 선호합니다.

---

4 금, 백금, 은 등 귀금속의 중량 단위. 1트로이온스는 31.1034768g.

3) 그래뉼

바와 코인 말고도 은은 한 가지 종류가 더 있는데요. 바로 그래뉼이
라는 것입니다. 그래뉼은 쉽게 말해서 작은 은 알갱이라고 생각하
시면 됩니다.

실버바를 만들든, 은수저나 은그릇을 만들든, 대부분의 은 제품
은 기존의 은을 녹여서 만듭니다. 그런데 만약 은수저를 만드는 데
200g의 은이 필요한데, 내가 현재 가진 은이 1kg짜리 실버바라면
정확한 중량을 잰 뒤에 잘라서 쓰기에는 번거롭습니다. 바로 이때
주로 그래뉼을 사용합니다. 즉, 미리 기존의 은 제품을 녹여서 아
주 작은 알갱이(그래뉼)들로 만들어놓고, 세공할 때 필요한 만큼만
가져다가 사용합니다. 이처럼 그래뉼은 은 제품이 되기 이전의 상
태입니다. 실버바가 되기 이전, 은반지가 되기 이전, 은수저가 되기
이전의 작은 알갱이 상태입니다.

그래뉼은 아직 가공하지 않은 상태이므로 실버바보다도 가격이
더 저렴합니다. 앞서 말씀드린 중량과 가격의 문제를 대입해서 생
각해봐도 그래뉼의 가격은 거의 순수한 은 가격에 가까울 수밖에
없죠. 코인이나 바 가격에 포함되는 공임이 거의 없기 때문입니다.
또한, 판매할 때는 금은방에 팔면 되기에 굳이 개인 간 거래를 할
필요가 없으니 일견 간편하다고 생각할 수도 있습니다.

다만, 그래뉼 중에서도 엘에스니코LS Nikko와 같은 브랜드 제품은
개인 간 거래로 팔아야만 효율적인데, 개인 간 거래에서는 구매자

를 찾기가 정말 어렵습니다. 그리고 브랜드 제품이 아닌 그래뉼은 모든 알갱이를 일일이 다 검증할 수 없어서 순도와 중량이 제대로 된 것인지 확신하기 어렵다는 단점이 있습니다.

따라서 그래뉼 투자는 이런 여러 사항을 본인이 직접 스스로 검증할 수 있을 정도로 충분한 지식이 있는 분이 아니시라면 굳이 추천하지는 않습니다.

이렇게 투자용 금과 은 제품을 총 세 가지로 나누어보았습니다. 골드·실버 코인과 골드·실버바 그리고 그래뉼입니다. 다음 내용부터는 개인별로 적합한 실물 제품과 왜 이것이 효율적인지에 관해서 말씀드리겠습니다.

· 나에게 맞는 실물 금과 은의 종류

1) 코인

먼저 코인은 프리미엄이라는 특별함이 있습니다. 따라서 수요가 비교적 좋으며, 매수한 코인을 코인의 가격 변동이 커져 수요가 급증하는 시기에 더 비싼 가격에 매도할 수 있는 이점을 누릴 수 있습니다.

대표적으로 경제위기와 같은 상황에서 국제 은 시세는 50~60% 의 하락이 있었지만 코인은 프리미엄이 커지면서 가격 변동 없이 비싼 가격에 매도할 수 있습니다. 혹은 가격 방어를 가장 잘하는 제품이므로 최대한 가격 변동에 둔감해지고 싶은 투자자에게도 추천합니다. 그러나 환금성은 바나 그래뉼이 더 좋으니 투자금 액수가 매우 큰 편이거나 매도하는 데 상당한 시간이 걸리는 것을 선호하지 않으시는 분들에게는 권하지 않습니다.

2) 바

다음으로 바는 투자금 액수가 매우 큰 편이거나 제품의 신뢰성이 어느 정도 보장된 제품을 선호하는 투자자에게 추천합니다. 아무래도 국내에서는 바의 거래가 가장 많다 보니 저 역시도 바를 가장 선호합니다.

3) 그래뉼

마지막으로 그래뉼은 매우 큰 금액을 투자하지만, 가장 적은 거래 비용을 원하는 투자자에게 추천합니다. 앞에서 말씀드렸던 것처럼 그래뉼은 실버바보다도 공임비 비중이 더 적어서 살 때와 팔 때의 가격 차이가 가장 적습니다.

적당한 방법으로 사고판다고 가정했을 때, 실버바는 약 3% 정도의 거래 비용이 발생하지만 그래뉼의 거래 비용은 약 1.5%밖에 발생하지 않습니다. 따라서 이런 관점에서 보면 그래뉼이야말로 가장 환금성이 좋으면서 효율적인 실물 투자 제품이라 큰 금액을 투자할 때 적합하다고 할 수 있습니다.

　다만 모든 알갱이의 순도를 일일이 다 검사할 수 없다는 점에서 다른 두 제품에 비해서는 신뢰성이 약간 떨어집니다. 물론 그렇다고 해서 사고팔 때 문제가 되는 일은 거의 없지만, 혹시 모를 일을 대비해서 그래뉼에 투자하려는 투자자는 은을 감별할 줄 아는 눈이 약간이라도 있으면 좋습니다.

・실물 투자 방법

이렇게 해서 실물 투자의 특별한 이점은 무엇이 있고 실물 투자 제품의 종류는 어떤 것들이 있는지에 관해서 전부 알려드렸는데요. 그렇다면 마지막으로 실물 금과 은에 어떻게 투자해야 효율적인지에 관해서 말씀드리도록 하겠습니다.

　앞에서 설명해드린 대로 실물 금과 은을 일반적인 방법으로 사고팔면 적게는 약 −15%에서 많게는 약 −30%의 손실을 보고 투자를 시작하게 됩니다. 따라서 이러한 거래 비용을 줄일 수 있는 방법을 찾아야 합니다. 주로 다음과 같은 방법이 있습니다.

1) 중고 시장 거래
가장 대표적인 방법으로는 많이 알고 계시는 대로 '중고나라'나 '당근마켓', 즉 중고 거래 사이트(중고 시장)를 통해서 개인 간에 거래하는 방법이 있습니다.

일반적으로 대부분의 물건은 새 제품에서 중고가 될 때 가격이 크게 하락하지만, 금과 은의 경우는 그 자체로 가치가 있어서 새 제품과 중고 제품의 가격 차이가 거의 없습니다. 또한, 중고 거래를 하면 당연히 부가세를 따로 내지 않아도 되어서 이 부분에서도 거래 비용이 발생하지 않죠.

그리고 귀금속은 살 때와 팔 때 가격 차이가 생기는데, 개인 간 거래는 정해진 기준 가격으로 거래하므로 이 부분에서도 거래 비용이 발생하지 않습니다. 기준 가격으로 거래한다는 것이 무슨 말인지 예를 들어서 설명해드리고자 합니다.

만약 실버바 판매 업체에서 실버바를 사려면 110만 원에 사야 하고 팔 때는 90만 원에 팔도록 가격을 정했다고 가정해봅시다. 이 가격 차이를 전문 용어로는 스프레드spread 차이(선물 간 가격 차이)라고도 합니다. 외화를 사고팔 때의 가격 차이라고 생각하면 이해가 쉽습니다. 이때 실버바를 구매하고 싶어 하는 개인 구매자와 실버바를 팔고 싶어 하는 개인 판매자가 개인 간 거래로 만났습니다. 실버바를 구매하려는 개인 구매자는 110만 원보다 싸게만 살 수 있으면 이득입니다. 마찬가지로 실버바를 판매하려는 개인 판매자는 90만 원보다 비싸게만 팔면 이득이겠죠. 그렇다면 협의 끝에 중간 가격인 100만 원에 거래하게 될 것입니다.

실버바 판매 업체를 통해서 실버바를 샀다가 바로 팔면 110만 원에 사서 90만 원에 파는 것이니 20만 원의 손실을 보게 됩니다. 하지만 개인 간 거래로 사고팔면 100만 원에 사서 100만 원에 파는 것이니 어떠한 손해도 없이 거래할 수 있겠죠.

그래서 실제로 실버바나 골드바는 중고 시장에서의 개인 간 거래가 매우 활성화되어 있습니다. 하루에도 수십억 원이 넘는 돈이 오가는 만큼, 투자금이 매우 크지만 않다면 얼마든지 개인 간 거래를 통해서 사거나 팔면서 효율적으로 투자할 수 있습니다.

다만 이런 중고 시장에서의 개인 간 거래는 다음의 몇 가지 단점이 있어서 거래 시 특히 주의해야 합니다.

첫 번째로, 현재 거래되는 금과 은 실물의 정확한 시세를 파악하기 힘듭니다. 그래서 지나치게 싸게 팔거나 지나치게 비싸게 사게되는 경우가 발생할 수도 있습니다. 따라서 내가 가진 실물의 실거래가를 자세히 조사한 후에 거래에 임하는 자세가 필요합니다.

두 번째로, 거래하는 상품이 진품이라는 확실한 보증이 없습니다. 즉, 가품 거래의 위험이 있습니다. 이를 해결하기 위해서는 진품 검사가 가능한 금은방에서 거래하는 방법을 추천합니다.

세 번째로, 금과 은 실물 거래는 고가품과 큰 금액이 오가는 거래이므로 개인 간 거래 시에는 다양한 범죄에 노출될 위험이 있습니다. 예를 들어서 장물 거래의 위험이 있습니다. 아무래도 개인 간 거래이다 보니 핸드폰 번호 같은 제한된 정보 이외에는 상대방의 신원을 특정할 수 없으므로 본인도 모르는 사이에 장물을 거래하는 사기를 당하게 되면 곤란한 상황에 빠질 수 있습니다.

최근에는 정말 안타깝게도 살인강도 사건까지 발생하는 불상사가 일어났습니다. 이를 피하기 위해서는 중고 시장을 통한 개인 간 거래는 '오로지 직거래로만 거래하기' '경찰서 앞에서 거래하기' 'CCTV가 있는 곳이나 사람들이 많은 곳에서 거래하기' 등 본인만의 거래 원칙을 세워서 예방해야 하겠습니다.

네 번째로, 구매자와 판매자가 서로 매칭되기가 어렵습니다. 예를 들어서 당근마켓은 근거리 플랫폼이다 보니 원하는 매물을 사고 싶은 사람이나 팔고 싶은 사람이 없을 수도 있고, 중고나라는 매력적인 매물이 있어서 그 매물을 사고 싶더라도 지역이 멀어서 부득이하게 택배 거래의 위험을 감수해야 할 수도 있습니다. 택배 거래는 많이 아시는 것처럼 사기의 위험이 있으며, 우체국 택배 보험에 가입한다고 하더라도 보험 처리 한도가 최대 300만 원이라 고가품 거래 시에는 안심하기 어렵습니다.

결론적으로 개인 간 직거래는 판매할 때는 업체에 팔 때보다 비싸게 받을 수 있고, 구매할 때는 업체에서 구매하는 것보다 저렴하게 살 수 있다는 확실한 장점이 있는 반면에 상당한 위험도 동시에 지니고 있습니다. 따라서 저는 개인 간 거래는 기존의 중고 시장보다는 금과 은을 전문으로 거래할 수 있는 플랫폼을 이용하는 방법을 추천해드립니다.

2) 위탁 거래(리셀 플랫폼)

거래 상대방에 대한 신뢰도 문제, 물건 신뢰도 문제 등 개인 간 거래 시의 불안 요소는 위탁 거래를 통해서 대부분 해결할 수 있습니다. 위탁 판매란 신뢰도 있는 기관이 판매자에게 물건을 받아서 구매자에게 대신 팔아주는 것입니다. 이렇게 하면 돈을 떼일 일도 없고 어떠한 범죄에 휘말릴 일도 없으므로 판매자나 구매자 모두 마음 놓고 거래할 수 있습니다. 즉, 약간의 거래 비용만 지불하면 개인 간 거래보다 확실히 안전하게 거래할 수 있는 방법입니다.

우선 '트레이드 아크Trade Ark'라는 리셀resell 서비스를 예로 들어서 소개해드리고자 합니다. 트레이드 아크는 실물 금과 은의 개인 간 거래를 중개하는 플랫폼인데, 다음과 같은 몇 가지 장점이 있습니다.

첫 번째, 현재와 과거 시세를 한눈에 살펴볼 수 있어서 지나치게 싸게 팔거나 지나치게 비싸게 구매할지도 모를 우려가 없습니다.

두 번째, 플랫폼 자체 검수 서비스 등을 통해서 안전성을 보장받을 수 있습니다. 트레이드 아크의 경우는 자체적인 검수 센터 보유를 통해 육안 검사, 자성 검사, 초정밀 중량 검사, 마지막으로 비파괴 방사선 성분 검사기를 통한 검사로 가품 유통 문제를 사전에 차단합니다.

세 번째, 플랫폼 이용 거래라는 장점이 있습니다. 판매자와 구매자 모두 계좌 및 주민등록번호를 통해 신원 인증을 하게 되어 있습니다. 또한, 구매자에게 배송이 완료된 후 판매자에게 대금이 지급

골드플레이션

되는 구조라 범죄에 노출될 위험이 없습니다.

마지막으로 배송 시에도 장점이 있습니다. 트레이드 아크는 일반 택배가 아니라 명품이나 고가품 배송을 전문으로 하는 발렉스 Valex 특수 물류와 업무 협약을 체결해서 안전하게 배송합니다. 또한, 보험 또한 최대 한도를 1억 원까지로 설정할 수 있어서 1kg짜리 골드바와 같은 상품도 안심하고 거래할 수 있습니다.

제가 실제로 이용해 본 바로는 1%대의 저렴한 수수료만 부담한다면 중고 시장을 이용하는 것보다 확실히 안전하게 실물 거래를 할 수 있는 방법이라고 여겨집니다.

3) 금은방 거래

이 외에도 금은방을 통해서 거래하는 방법도 있습니다. 다만 금은방은 같은 물건이어도 금은방마다 가격이 다 다릅니다. 각 금은방의 복잡한 가격 책정 구조를 책에서 일일이 말씀드리기는 어려우니 최대한 쉽게 말씀드리고자 합니다. 이해를 돕기 위해서 스마트폰 가게를 예로 들어보겠습니다.

각 금은방의 금 가격 차이는 스마트폰 가게마다 동일한 스마트폰을 판매하는 가격이 다 다른 것과 비슷합니다. 이 말은 곧 같은 실물 금과 은이더라도 최대한 저렴한 가격에 살 수 있는 곳이 분명히 존재한다는 뜻입니다.

국내는 종로에 가면 귀금속 거리가 있는데, 수많은 금은방이 그

곳에 모여 있습니다. 금은방마다 다 가격이 다르지만, 발품만 판다면 개인 간에 거래하는 가격보다도 더 저렴한 금액으로 심지어 새 제품을 구입할 수도 있습니다.

또한, 금은방마다 매입 가격도 다 달라서 팔 때도 마찬가지로 발품만 판다면 상당히 괜찮은 가격에 팔 수도 있습니다. 실제로 저는 종로에 있는 수십 곳의 금은방을 돌면서 발품을 팔며 직접 조사해 본 적이 꽤 있습니다.

금은방마다 가격이 천차만별이었는데, 심한 경우엔 정말 저렴하게 파는 금은방에서 금을 산 뒤에 정말 비싸게 매입하는 금은방에 팔면 오히려 수익이 나는 경우도 있었습니다.

이처럼 금은방 거래는 정말 저렴하게 구매할 수도 있고, 정말 비싸게 팔 수도 있다는 장점이 있습니다. 또 개인 간 거래는 내가 원하는 수량을 판매자가 팔지 않으면 살 수 없지만, 금은방과 거래할 때는 내가 원하는 양만큼 구매하거나 팔 수 있어서 투자금이 어느 정도 규모가 있다면 아주 좋은 투자 방법입니다. 이런 이유로 저도 종종 금은방을 통해 투자합니다.

이 외에도 실물 투자 관련 정보가 그간 세상에 많이 알려지지 않은 만큼, 이번 챕터의 내용을 잘 참조해서 본인에게 맞는 투자 실물 종류와 투자 방법을 찾는다면 금과 은 투자 시에 큰 도움이 되리라 확신합니다.

골드플레이션

∘ Chapter 5 ∘

이 외의 투자

· 기타 투자 방법

주식은 어떤 증권사에서 거래하더라도 큰 차이가 없지만, 금과 은은 투자할 수 있는 방법이 정말 다양하고, 방법마다 수수료나 세금 등의 차이가 매우 큽니다. 따라서 어떤 투자 방법을 선택하는지에 따라 아주 효율적으로 투자할 수도 있고, 때로는 매우 큰 손실을 볼 수도 있습니다.

금과 은 투자는 지금까지 알려드렸던 투자 방법 외에도 수많은 방법이 있습니다. 이번 챕터에서는 기타 투자 방법을 간략하게 설명해드리고, 되도록 피해야 할 투자 방법들과 충분히 고려해볼 만한 투자 방법들을 모두 말씀드리도록 하겠습니다.

· 금 통장과 은 통장

은행에서는 금과 은 투자 상품으로 주로 금 통장과 은 통장을 많이 추천합니다. 대표적인 예로 신한은행의 골드리슈와 실버리슈가 있는데요. 언뜻 들으면 통장이라는 말 때문에 가입하면 이자를 줄 것 같지만, 사실은 그렇지 않습니다. 오히려 높은 수수료와 세금을 내야 합니다.

특히, 금 통장은 수수료가 약 2%나 됩니다. 즉, 투자하자마자 약 -2% 손실을 본 상태에서 투자를 시작하는 것이죠. 여기에 더불어서 배당소득세도 있는데요. 수익의 15.4%를 세금으로 내야 합니다. 그리고 만약 1년 동안 얻은 수익이 2,000만 원을 넘어가면 금융종합소득과세 대상자에도 해당해 최대 44%의 세금을 내야 합니다.

물론 금 통장은 내가 필요할 때 실물 금을 인출할 수 있다는 장점이 있긴 합니다. 하지만 실물로 인출할 때도 인출 수수료와 부가가치세 10%를 내야 합니다. 심지어 다른 은행의 금 통장 중에서는 이것마저도 안 되는 것도 있고요. 앞에서 다루었던 KRX 금시장은 수수료가 0.22%에 세금은 하나도 없죠. 그리고 금 통장과 마찬가지

골드플레이션

로 실물 인출도 가능합니다.

결국 상식적으로 생각해보면 금 통장을 이용할 이유가 전혀 없지만, 의외로 많은 사람이 이 상품에 가입했습니다. 이것만 봐도 알 수 있는 점이 있습니다. 바로 금과 은 투자에 대한 정보가 세상에 많지 않고, 또 너무 편중되어 있다는 점입니다. 그래서 수많은 투자자가 이런 정보를 잘 모르고 아주 비효율적으로 투자하고 있는 것이죠.

비효율적인 것은 은 통장도 마찬가지인데요. 은 통장의 경우 수수료가 무려 7% 정도입니다. 따라서 만약 은 통장으로 은에 투자하면 은 투자를 시작하자마자 약 -7%의 손해를 보고 시작합니다. 그리고 금 통장과 마찬가지로 세금은 배당소득세 15.4%가 부과됩니다. 앞에서 다루었던 은 ETF는 수수료가 0.68%에 배당소득세는 15.4%로 은 통장과 세금은 똑같지만, 수수료가 무려 10배나 차이가 납니다. 즉, 은행에서 추천하는 금 통장과 은 통장 상품은 되도록 피하는 것이 좋습니다.

・유가증권

금과 은의 유가증권은 쉽게 말해서 금과 은의 교환권을 사는 것으로 생각하면 됩니다. 교환권을 구매하는 것이다 보니 부가가치세를 내야 하는 것도 아니고 나중에 팔 때 시세차익에 대한 세금인 배당소득세나 양도소득세를 내야 하는 것도 아닙니다. 또한, 교환권인 만큼 내가 직접 실물을 보관할 필요도 없어서 대략적으로만 보면 간편하고 효율적인 투자 방법처럼 보입니다.

그런데 사실 구체적으로 따져보면 그렇게 좋지만도 않습니다. 일단 기본적으로 금 유가증권은 살 때 수수료로 1%를 내야 합니다. 물론 그렇게 큰 금액은 아니라 이 정도까지는 괜찮을 수도 있습니다. 문제는 팔 때입니다. 팔 때는 기준 가격의 약 93~95%만 받을 수 있습니다.

예를 들어서 금 유가증권을 100만 원가량 산다고 가정한다면 일단 처음에 살 때는 101만 원을 주고 사고, 팔 때는 93~95만 원에 파는 것입니다. 즉, 사자마자 적게는 −6%에서 많게는 −8%의 손실을 보고 시작하는 것이죠. 그리고 실물로 인출할 때도 세금을 내야 합니다. 부가가치세 10%에 실물 인출 수수료 4%입니다.

정리해보면 금 유가증권은 사실상 실물을 가진 것도 아닌데 많은 수수료를 지불해야 합니다. 어차피 실물이 아니라면 차라리 이런 증서를 보관하는 불편함 없이 KRX 금시장을 이용하는 게 어떤 식으로 생각해봐도 훨씬 더 효율적입니다.

은 유가증권은 수수료와 세금이 더 큽니다. 그래서 약 −10% 손실을 보고 시작해야 합니다. 결국 아무것도 모르는 상태에서 유가증권으로 금과 은 투자를 시작하신다면 실물도 아닌 증서를 보관해야 하는 수고에 더해서 너무 많은 수수료까지 지불하게 됩니다. 따

　　　　　　　　　　　　　　　　골드플레이션

라서 굳이 실물을 원하지 않는다면 금 투자는 되도록이면 KRX 금 시장을 이용하는 것이 좋고 은 투자는 조금 더 다른 방법을 생각해 보는 것이 낫습니다.

· 센골드

우리나라를 대표하는 귀금속 기업인 한국금거래소에서 출시한 귀 금속 거래 핀테크 서비스로 '센골드^{CEN gold}'라는 플랫폼이 있습니다. 실물로 투자하기에는 부담이 될 때 센골드를 이용하면 정말 효율적 입니다.

센골드에서는 기본적으로 금과 은 모두 거래 수수료가 1%입니 다. 수수료가 저렴한 편인 은 ETF도 생각해보면 수수료는 0.68% 지만, 거래할 때 발생하는 약간의 거래 비용까지 고려하면 거의 1% 에 가깝습니다. 따라서 센골드는 ETF만큼이나 수수료가 저렴하다 고 볼 수 있습니다.

게다가 세금 측면에서도 센골드는 KRX 금시장처럼 어떠한 세 금도 발생하지 않습니다. 특히 은은 슈퍼 사이클에서 적게는 11배, 많게는 32배까지도 상승할 만큼 상승 가능성이 큰 자산인 데 비해 서 금처럼 KRX 금시장이 있는 것도 아니라서 은 투자 시에는 센골 드를 고려해볼 만합니다. 만약 은 ETF나 은 통장으로 은 투자를 하면 시세차익에 대한 세금인 배당소득세와 양도소득세가 큰 부담으로 다가올 수밖에 없습니다. 그러나 센골드는 수수료도 저렴하고 세금도 없어서 은 투자를 할 때 아주 효율적이라고 볼 수 있습니다.

한편으로, 센골드는 투자자가 투자한 모든 금과 은을 한국금거래소의 대형 금고에 실물로 직접 보관합니다. 그래서 안전성 면에서도 KRX 금시장만큼이나 안전하다고 볼 수 있습니다.

실제로 저도 한국금거래소의 대형 금고에 몇 번 들어가본 적이 있는데, 센골드를 통해 제가 구입한 금과 은 그리고 그 외의 백금과 팔라듐 모두 안전하게 보관 중인 것을 직접 확인했습니다.

이처럼 저렴한 수수료와 비과세 혜택, 또한 금과 은뿐만 아니라 다양한 귀금속에 투자할 수 있다는 점에서 센골드는 좋은 선택지입니다. 다만 금은 효율성 면에서 수수료가 조금 더 저렴한 KRX 금시장을 이용하는 게 더 좋은 선택입니다.

이 외에 센골드가 가진 장점이 한 가지 더 있습니다. 센골드는 플랫폼이므로 KRX 금시장과 다르게 24시간 내내 언제든지 거래할 수 있다는 장점이 있습니다. KRX 금시장은 주식 시장이 열려있는 시간에만 투자할 수 있어서 주말과 공휴일에는 거래할 수 없습니다. 거래 시간도 오전 9시부터 오후 3시 30분까지만 가능하다는 점에서 제한적입니다.

그래서 일반적인 직장인은 평일에는 본인이 원하는 시간대에 투자하기 쉽지 않고 주말이나 공휴일에는 투자를 하고 싶어도 할 수 없어서 불편한데, 센골드는 플랫폼이라는 특성을 이용해 이런 점을 잘 해결했습니다.

결론적으로 단기 투자가 아니라 장기 투자의 관점에서는 센골드와 KRX 금시장 중에서 어떤 투자 방법을 사용하더라도 효율적이라고 생각하시면 됩니다. 그래서 제 포트폴리오에서도 실물이 아닌 금과 은 투자는 거의 센골드에 집중되어 있습니다. 다만 장기 투자의 관점에서는 센골드와 KRX 금시장 중에서 어떤 투자 방법을 사용하더라도 효율적인 방법이라고 할 수 있습니다.

Part 5

금과 은에 관한 궁금증

마지막으로 이번 파트에서는 금과 은에 투자할 때 생길 수 있는 궁금증과 답변을 정리했습니다. 계속해서 말씀드린 대로 금과 은 투자는 분명히 슈퍼 사이클 시기에 상승 가능성이 매우 큰 투자이며 화폐가 아니라 진짜 돈에 투자하는 올바른 투자입니다. 다만 그 개념과 방법이 많은 사람에게 알려지지 않은 터라 지금까지 이 책을 통해서 금과 은 투자의 모든 것을 알려드리고자 했습니다. 금과 은의 슈퍼 사이클은 역사적으로 계속 반복된 현상이고, 지금 우리는 다시 그 슈퍼 사이클의 초입에 들어섰습니다. 결국 이번 파트를 통해 금과 은에 관해서 더욱더 확실하고 깊이 있게 이해한다면 자본주의 사회의 진정한 룰을 깨닫고 성공할 수 있습니다.

비트코인은 금을
대체할 수 있을까

• 비트코인의 탄생

2008년 글로벌 금융위기 이후로 전 세계의 중앙은행은 위기감을 느끼고 시중에 엄청난 양의 돈을 발행하기 시작했습니다. 그 결과로 화폐, 나아가 주식, 집, 금의 가치도 크게 폭락해 정말 모든 것의 가격이 오르는 현상이 발생했습니다.

이런 상황에서 가장 큰 피해를 본 사람들은 바로 진짜 자산을 소유하지 않은 사람들이었습니다. 그저 통장에 돈을 그대로 보관했을 뿐인데 세계적인 인플레이션으로 인해 상대적으로 소위 '벼락

거지'가 되어버린 것입니다. 그러자 사람들 사이에서 중앙은행과 기존 화폐에 대한 불신이 생겼습니다. 이때 등장한 것이 비트코인 bitcoin 입니다.

비트코인은 블록체인 block chain 이라는 기술로 만들어진 최초의 암호화폐입니다. 위·변조가 불가능할뿐더러 특정 기관이나 정부의 통제를 받지 않고, 수량이 2,100만 개로 미리 정해져 있다는 특징이 있어서 리스크 없는 새로운 자산으로 평가받았습니다.

비트코인의 이 같은 특성은 금과 비슷한 점이 많습니다. 그래서 비트코인을 디지털 금이라고 부르는 사람들도 생겨났습니다.

• 비트코인의 등장이 금에 미치는 영향

앞에서도 말씀드렸듯이 화폐의 가치가 폭락하는 지금 이 시대는 금과 은의 슈퍼 사이클 초입부입니다. 그러나 이번에는 뭔가 다른 것 같다고 말씀하시는 분들이 많습니다. 슈퍼 사이클이 시작되었고 물가도 이렇게 치솟는데, 그에 비해 금과 은 가격의 상승은 너무 더딘 것 같다는 게 그 이유입니다. 그 원인을 비트코인에서 찾는 분이 정말 많습니다.

그들의 말을 들어보면 "원래라면 금과 은으로 흘러 들어갔어야 할 수많은 돈이 비트코인으로도 분산되어서 금과 은 가격이 예전만큼 크게 상승하지 못한 것이다'라고 주장합니다. 심지어 어떤 분은 "이제 비트코인이 금을 대체할 것이다"라고 말씀하시는 분도 있습니다.

일단 '비트코인이 디지털 금이 맞는가' 그리고 '그것이 금을 대체할 것인가'에 관한 이야기는 잠시 뒤로 미루어두고, 먼저 '실제로 비트코인 때문에 금과 은의 슈퍼 사이클 상승률 움직임이 더딘가'에 대한 답부터 말씀드리도록 하겠습니다.

사실 이것은 잘못된 생각입니다. 그렇게 생각하는 사람들은 기존에 금과 은이 슈퍼 사이클의 초입부에서 어떤 모습이었는지 전혀 살펴보지 않은 것입니다. 그들은 초입부부터 깜짝 놀랄 만한 상승률이 보여야 하는데, 그러지 않아서 뭔가 다르다고 생각합니다. 더 자세하게 설명해드리고자 금과 은의 슈퍼 사이클이 시작된 해부터 약 2년간의 상승률이 어땠는지를 직접 계산해서 표로 만들었습니다.

1) 비트코인과 금과 은의 상관관계

〈표 3〉은 금과 은의 슈퍼 사이클 초입부부터 그 이후로 약 2년간의 상승률을 정리한 것입니다. 표를 보면 아시겠지만 1970년대에는 금 가격은 무려 약 26배, 은 가격은 약 32배 상승했지만, 슈퍼 사이클의 초입부에서는 금 가격은 약 24%로 가장 적은 상승률을 보였고 은 가격은 약 -32%로 오히려 하락했습니다. 2000년대에는 금

° 표 3. 금과 은 가격의 슈퍼 사이클 초기 상승률 °

° 표 3. 금과 은 가격의 슈퍼 사이클 초기 상승률 °

	1970	2002	2019
금 가격 상승률	24%	47%	44%
은 가격 상승률	-32%	39%	64%

출처: stooq.com

가격은 약 6배, 은 가격은 약 11배 상승했지만, 정작 이 시기의 초입부에서 금 가격은 약 47%, 은 가격은 약 39% 상승했습니다.

마지막으로 현재를 살펴보면 2019년부터 2년간 금 가격은 약 44%, 은 가격은 약 64% 상승했습니다. 즉, 금 가격은 1970년대보다는 더 높이 상승했고 2002년의 슈퍼 사이클과 비슷한 상승률을 보여줍니다. 심지어 은 가격은 2002년의 슈퍼 사이클보다 훨씬 더 큰 상승률을 보여주고 있는데요. 이것만 보더라도 이전에 일어난 슈퍼 사이클의 초입부와 현재 일어나는 슈퍼 사이클의 초입부 시기 금과 은의 가격 상승률은 전혀 다르지 않다는 것을 알 수 있습니다. 반면에 비트코인 가격은 2019년부터 2년간 무려 약 6,500% 상승했습니다.

결론적으로 분명 금과 은의 슈퍼 사이클 동안 비트코인의 가격이 금이나 은 가격과는 비교하기 어려울 정도로 폭등한 것은 맞지만, 이를 두고 금과 은의 가격 상승률이 예전과 다르다고 말하는 것은 잘못된 말입니다.

골드플레이션

즉, 금과 비트코인은 아무런 관계가 없습니다. 많은 사람이 비트코인을 디지털 금이라고 부르지만, 사실 비트코인은 금과는 완전히 다른 자산입니다. 오히려 비트코인은 안전자산인 금보다는 위험자산인 주식 시장과 아주 비슷한 형태로 움직입니다. 그래서 다음 내용에서는 비트코인과 주식을 비교해보고자 합니다.

2) 비트코인과 주식의 관계

〈그림 42〉는 2017년부터 2022년 4월까지 미국의 기술주 중심의 나스닥 지수와 비트코인의 가격을 겹친 그래프입니다. 그래프를 확인해보면 비트코인은 금이나 은보다는 나스닥 지수와 아주 유사한 가격 흐름을 보인다는 것을 알 수 있습니다. 즉, 가격 흐름 면에

∘ 그림 42. 6년간 나스닥 지수 및 비트코인 가격 변동 추이 ∘

단위: $(좌: 비트코인 가격/우: 나스닥 지수)

출처: investing.com

서 비트코인은 금보다는 오히려 주식과 비슷합니다. 이를 통해 애초부터 비트코인은 금과 다른 자산이라는 것을 알 수 있습니다.

• 비트코인이 금을 대체할 수 없는 이유

비트코인을 디지털 금이라고 생각하시는 분들은 '비트코인이 금과 비슷한 특성이 있다면 금을 대체할 수도 있지 않을까?'라고 생각하실 수도 있습니다. 비트코인이 금을 대체할 수 없는 이유를 크게 두 가지로 나누어서 말씀드리도록 하겠습니다.

1) 가치의 유무

첫 번째 이유는 '가치의 유무'입니다. 예를 들어서 금에 투자하려는 사람이 1명도 없다고 가정해봅시다. 그렇다면 금에 대한 수요가 0에 수렴할까요? 그렇지 않을 것입니다. 금은 투자 자산으로만 사용되는 것이 아닙니다. 목걸이나 팔찌 등 다양한 장신구를 구매하려는 수요도 존재하고 반도체처럼 산업용 자원으로도 분명한 사용 가치가 존재합니다.

즉, 금은 그 자체로 이미 충분히 가치를 보유하고 있습니다. 하지만 비트코인은 투자 수요나 투기 수요가 사라진다면 가치가 없어집니다. 물론 비트코인에 사용된 블록체인 기술 자체는 가치가 있지만, 비트코인은 아무런 가치가 없는 것이죠. 따라서 비트코인이나 다른 암호화폐가 금과 아주 비슷한 속성을 가진 것은 맞지만, 가치의 유무 면에서 보면 절대 금을 넘어설 수 없습니다.

2) 가치의 시험

두 번째 이유는 '가치의 시험'입니다. 금과 은은 장장 5000년이라는 세월 동안 가치를 시험하는 과정을 견뎌왔습니다. 물론 가격 변농 폭이 더 크게 움직인 것은 비트코인이지만, 비트코인은 이런 시험의 역사를 거친 자산이 아닙니다. 비록 금과 은의 가격은 수년에 걸쳐서 오르지만, 오랜 시험으로 이미 가치를 증명한 덕분에 굳이 자신을 증명하거나 더 많은 투자자를 끌어들이기 위해 급격한 변동 폭을 보일 필요가 없습니다.

게다가 금은 단순히 반짝이는 돌덩이가 아닙니다. 전 세계 어디에서나 자산으로 가치를 인정받습니다. 그래서 전 세계 중앙은행들은 최종 지불 수단으로써 외환보유고에 금을 모아두고 있습니다. 특히 유럽 국가들은 외환보유고를 대부분 달러나 유로가 아니라 금으로 보유할 정도입니다. 독일은 외환보유고의 약 76%, 이탈리아는 약 70%, 네덜란드는 약 69%, 프랑스는 약 66%를 금으로 보유하고 있습니다.

단순히 금은 반짝이는 돌에 불과하고 비트코인이 디지털 금이라면 왜 전 세계에 있는 금의 15% 이상을 각국의 중앙은행이 보유하고 있을까요? 또, 왜 2008년부터 전 세계 중앙은행들이 경쟁하듯이 금 보유량을 늘리며 44년 만에 보유량 최대치를 경신했을까요? 이 과정만 봐도 비트코인이 금을 대체할 수 없다는 사실이 분명하게 드러납니다.

결국 비트코인은 금보다는 주식과 가장 유사한 위험자산일 뿐입니다. 따라서 비트코인이 금에 영향을 미친다는 주장은 틀린 주장입니다.

· 은의 대체제로 거론되는 그래핀

이번에는 은을 보겠습니다. 간혹 일명 '꿈의 소재'로 불리는 그래핀graphene이라는 물질이 은을 대체할 수도 있다는 주장이 있습니다. 그래핀이 무엇인지에 대해서 쉽게 말씀드리면 연필을 생각해보시면 됩니다. 연필심은 흑연으로 이루어져 있는데, 흑연은 탄소가 층층이 쌓인 구조입니다. 여기서 탄소 한 층에 해당하는 물질이 바로 그래핀입니다.

연구 결과에 따르면 그래핀은 강도는 강철보다 약 200배 강하면서도 탄성이 뛰어난 물질이라 탄력 있게 늘리거나 구부릴 수 있습니다. 게다가 최고의 열 전도성을 자랑하는 다이아몬드보다 열 전도율이 약 2배 이상 높고 구리보다 약 100배 이상 전기가 잘 통합

골드플레이션

니다. 이러한 특성으로 인해 그래핀은 말 그대로 꿈의 소재라고 불리고 있죠.

은은 모든 원소 중에서 가장 전기 전도율이 높고 안정적인 원소입니다. 그래서 첨단 산업에서 정말 많이 사용되고 있는데요. 은과 비슷한 그래핀의 특성 덕분에 앞으로 그래핀이 은을 대체할 수도 있다는 주장이 점점 더 늘어나고 있습니다.

이번에도 결론부터 먼저 말씀드리겠습니다. 그래핀은 은 투자에 영향을 미치지 않을 것입니다.

· 그래핀이 은 투자에 영향을 미치지 않는 이유

1) 낮은 실현 가능성

첫 번째 이유는 그래핀의 실현 가능성에 있습니다. 그래핀이 꿈의 소재인 이유는 말 그대로 현실에서는 만들기가 너무 어렵기 때문입니다. 그래핀을 만들기 위해서는 '띠틈'이라는 것을 열어야만 합니다. 띠틈을 열지 못하면 아예 이용할 수 없는 소재에 불과합니다. 그런데 띠틈을 여는 과정에서 앞서 말씀드렸던 그래핀의 수많은 이점이 사라집니다.

그래서 기존에 그래핀을 연구하던 수많은 사람 중에서 다수의 연구진이 이제는 그래핀의 물질적 한계를 인정하고 이를 능가하는 새로운 물질을 찾는 방향으로 선회하고 있습니다. 결국 그래핀 자체는 거의 포기한 셈이죠.

물론 그런데도 실제로 판매되는 그래핀이 있기는 합니다. 다만 그래핀 1g당 100달러 정도의 가격이라는 게 문제입니다. 은은 1g에 약 0.86달러인데, 가격이 무려 약 116배나 차이가 납니다.

결국 그래핀이 은을 대체하는 것은 기술적인 면에서 사실상 거의 불가능하며, 정말 혁신에 가까운 기술이 나와서 대체가 가능해지더라도 생산 단가가 은만큼이나 저렴해지기까지는 수십 년 이상의 세월이 걸릴 수밖에 없습니다.

2) 가격 변동 기준의 차이

만약 이런 모든 문제점을 해결하고 그래핀이 정말로 은을 대체하면 은의 가치는 없어질까요? 전혀 그렇지 않습니다. 그래핀이 은 투자에 영향을 미치지 않는 두 번째 이유가 여기에 있습니다. 바로 은 가격의 변동 기준은 '돈'이라는 점입니다.

은의 수요는 분명 절반 이상이 산업적 수요지만, 금, 구리, 백금, 팔라듐 가격과 은 가격의 변동 추이를 보면 은은 오로지 금 가격만을 추종한다는 것을 알 수 있습니다. 즉, 은은 금처럼 '돈으로써의 가치'라는 기준으로 가격이 변동합니다.

그래서 만약 그래핀이 은을 대체한다고 하더라도 은은 여전히 금 가격이 오를 때는 같이 오르고 떨어질 때는 같이 떨어질 것입니다. 따라서 기존 상황만 놓고 봐도 그래핀은 은을 대체할 수 없지만, 나중에 대체하는 시기가 온다고 하더라도 우리가 은에 투자하는 데는 전혀 영향을 미치지 못합니다.

Chapter 2

금 대신
구리나 백금 투자는 어떨까

• 기타 금속의 투자 가능성

세상에는 금 이외에도 다른 귀금속이 많습니다. 금과 이름이 비슷한 백금이나 은처럼 산업 면에서 많이 쓰이는 구리 등이 바로 그 예입니다. 실제로도 과거에 구리나 백금은 돈으로 쓰였던 적이 있습니다.

그렇다면 이런 점에서 '구리나 백금, 팔라듐 등은 금이나 은과 상당히 비슷하면서도 뭔가 더 특별한 투자 자산으로 볼 수 있지 않을까?'라는 기대감이 들 수도 있습니다. 그래서 이런 궁금증에 관해 해답을 드리고자 이번에는 금과 은의 슈퍼 사이클에서 구리와 백금 그리고 번외로 팔라듐의 가격 상승률이 어땠는지를 알아보겠습니다.

• 슈퍼 사이클 비교

〈표 4〉는 금의 역대 슈퍼 사이클을 기준으로 각 귀금속의 가격 상승률을 정리해보았습니다. 첫 번째 슈퍼 사이클은 닉슨쇼크로 인해 금 가격이 상승하기 시작했던 1970년부터 1979년까지의 슈퍼 사이클이고요. 두 번째는 꽤 최근인 2000년부터 2011년까지의 슈퍼 사이클입니다. 그리고 마지막 세 번째는 2019년부터 현재까지로 잡았습니다. 그렇다면 이제 모든 슈퍼 사이클에서 금, 은, 구리, 백금, 팔라듐은 어떤 성과를 거두었는지를 보겠습니다.

◦ 표 4. 슈퍼 사이클 시대별 귀금속 가격 상승률 ◦

	금	은	구리	백금	팔라듐
1970~1979	1,856%	2,133%	180%	614%	724%
2000~2011	614%	1,014%	469%	446%	70%
2019~2022 (현재)	40%	51%	62%	12%	81%

출처: stooq.com

1) 1970년대

먼저 첫 번째 슈퍼 사이클인 1970년부터 1979년까지의 기간 동안 가격이 가장 많이 오른 것은 약 2,133% 상승한 은입니다. 다음으로는 약 1,856% 상승한 금, 3등은 약 724% 상승한 팔라듐입니다. 4등은 약 614% 상승한 백금이고 마지막으로 가장 적게 오른 것은 약 180% 상승한 구리입니다.

2) 2000년대

다음으로 두 번째 슈퍼 사이클인 2000년부터 2011년까지를 보겠습니다. 이 시기에도 가격이 가장 많이 오른 것은 약 1,014% 상승한 은입니다. 그다음으로 많이 상승한 것은 약 614% 상승한 금이죠. 1970년대의 순위와 1, 2등이 똑같습니다. 그리고 3등은 지난 슈퍼 사이클에서는 꼴등이었던 구리인데요. 해당 기간 동안 약 469% 상승했습니다.

그리고 4등은 이번에도 백금입니다. 약 446%로 구리와 비슷하게 상승했습니다. 마지막으로 가장 적게 오른 것은 고작 약 70% 상승한 팔라듐입니다.

3) 현재

이제 현재의 슈퍼 사이클을 보면 가격 상승률이 어떨까요? 2019년부터 본 원고를 집필하는 시점인 2022년 4월까지 가격 데이터를

골드플레이션

분석해보았습니다. 현재 1등은 2000년대에서는 꼴찌였던 팔라듐입니다. 약 81%로 가장 높게 상승하고 있습니다. 다음은 약 62% 상승한 구리가 두 번째로 높이 상승하고 있고 3등은 약 51% 상승한 은입니다. 그리고 4등은 약 40% 상승한 금이고 마지막으로 가장 낮게 상승하는 것은 약 12% 상승한 백금입니다.

일단 슈퍼 사이클 기간 전체를 놓고 보면 가격이 가장 많이 상승하는 것은 항상 은이었다는 사실을 알 수 있습니다. 또한, 구리와 백금, 팔라듐은 오히려 금보다도 더 낮은 상승률을 기록했다는 것도 알 수 있습니다. 하지만 현재 슈퍼 사이클의 초입부에서는 오히려 팔라듐과 구리가 더 높게 상승하고 있습니다. 게다가 백금은 처음으로 가장 낮은 상승률을 보입니다. 왜 이런 것일까요?

· 산업재와 돈

일단 먼저 1969년부터 2022년 4월까지 금, 은, 구리, 백금, 팔라듐의 가격을 모두 겹쳐보았습니다. 〈그림 43〉을 보면 거의 모든 경우에서 같이 오르고 같이 떨어진다는 것을 알 수 있습니다.

금과 은을 제외하고 슈퍼 사이클 중간에 발생하는 큰 조정 구간을 보면 먼저 1974년부터 1978년까지 금과 은은 비교적 하락률이 낮고 또 떨어졌다 해도 금방 회복하는 모습을 보입니다. 반면에 나

출처: stooq.com

머지 백금과 팔라듐 그리고 구리는 하락률이 높고 회복하는 데도 상당한 시간이 걸렸다는 것을 알 수 있습니다. 그리고 2008년의 조정장에서도 금과 은은 하락이 제한적이었지만, 구리, 백금, 팔라듐은 하락 폭이 크고 그 이후의 상승도 아쉬운 모습이었습니다.

때로 슈퍼 사이클의 초입부에서는 팔라듐이나 구리가 더 높은 상승률을 보여주는 경우도 있었지만, 결국 중간에 찾아오는 조정장에서 하락률이 높고 회복세가 더디므로 항상 슈퍼 사이클 기간 동안 금과 은의 상승률이 가장 높았던 것입니다.

또한, 이 그래프를 자세히 보면 또 하나의 특징이 더 있는데요. 금과 은의 가격, 구리와 백금과 팔라듐의 가격이 각각 같이 움직인다는 사실입니다. 특히 1998년부터 2001년까지의 기간 동안 금과 은이 하락할 때 구리와 백금과 팔라듐은 잠시 가격이 상승했던 적이 한 번 있었습니다. 이러한 차이를 보이는 이유는 금과 은은 돈으로써의 가치만 가격에 영향을 미치지만, 구리와 백금과 팔라듐은 산업재로써의 가치도 가격에 영향을 미치기 때문입니다.

• 백금과 팔라듐의 미래

사실 팔라듐은 백금족 원소 중 하나로 백금과 화학적 성질이 유사해서 둘 다 촉매로 사용됩니다. 백금은 디젤 자동차에 많이 쓰이고 팔라듐은 가솔린 자동차에 쓰인다는 점이 차이점입니다. 따라서 자동차 보급이 폭발적으로 이루어지는 시기에 둘 다 가격이 많이 오르곤 했는데요.

　그러나 문제는 최근 전 세계가 기후 위기로 인해서 환경 문제에 아주 민감하게 반응하고 있다는 점입니다. 각종 규제 정책들이 연일 쏟아지고 있습니다. 이로 인해 자동차에서 배출되는 일산화탄소나 질소산화물과 같은 해로운 성분을 무해한 성분으로 변환시켜주는 데 사용되는 팔라듐은 오히려 더욱더 각광받기 시작했지만, 대기 오염의 주범인 디젤 자동차는 큰 타격을 받으면서 백금의 수요가 급격하게 줄어들었습니다. 그래서 최근 상승률을 보면 백금이 가장 낮게 상승하고 팔라듐은 오히려 가장 높게 상승하고 있죠.

물론 나중에 전기차 보급이 훨씬 더 늘어나면 상황이 달라질 수도 있습니다. 전기차는 애초에 배기가스를 배출하지 않다 보니 백금과 팔라듐 모두 사용되지 않으므로 투자를 결정할 때는 이 부분도 같이 고민하실 필요가 있습니다.

결론적으로 분명 구리나 백금, 팔라듐은 금이나 은 외의 투자 자산으로 고려해볼 수 있습니다. 그러나 여태까지의 가격 변동 추이를 보면 가격이 많이 오르리라는 예상과는 다른 결과를 확인할 수 있습니다. 실제로 금의 슈퍼 사이클에서는 은이 가장 높게 상승했고 구리나 백금, 팔라듐은 금보다 못한 상승률을 보였습니다. 다만 산업적인 수요에 따라 단기적인 상승은 다른 양상을 보이므로 투자할 때는 앞으로의 산업 변화에 관한 부분을 잘 고려해서 투자할 필요가 있습니다.

Chapter 3

금에 투자하기 좋은
계절은 언제일까

· 금의 계절

'제철 과일'이라는 표현이 있습니다. 어떤 것이 특정 시기에 각광받는 시기는 분명히 존재합니다. 누구나 겨울에는 뜨끈한 어묵을 먹고 싶고 여름에는 시원한 아이스크림을 먹고 싶은 것처럼요.

금에도 제철이라는 표현을 쓰는 게 맞을지는 모르겠지만, 역사적으로 금을 사기에 아주 좋았던 시기가 있었습니다. 웨스턴오스트레일리아대학교The University of Western Australia, UWA의 더크 바우어Dirk Baur 교수는 「금의 가을 효과The Autumn Effect of Gold」라는 논문을 통해서 이를 분석했습니다.

이 논문은 1980년부터 2010년까지 약 30년간의 금 가격을 분석해서 어느 달이 투자하기에 가장 좋았는지를 설명합니다. 회귀분석regression analysis이라는 분석 방식을 통해서 1월부터 12월까지 매달 금 가격의 흐름을 분석했습니다.

여기서 회귀분석 방법을 쉽게 설명해드리기 위해서 두 사람이 있다고 가정해보겠습니다. 둘 다 평균적으로 한 달에 300만 원을 번다고 이야기합니다. 그런데 A라는 사람은 '1월 수익 1,000만 원, 2월 수익 0원, 3월 수익 100만 원, 4월 수익 1억 원…' 이런 식으로 매달 수입이 천차만별입니다. 반면에 B라는 사람은 매달 200만 원부터 400만 원 사이의 금액을 항상 꾸준하게 벌었습니다.

어쨌든 1년이라는 기간으로 보면 둘 다 매달 평균적으로 300만 원을 벌었다고 볼 수 있지만, "앞으로도 평균적으로 매달 300만 원을 벌 가능성이 큰 사람은 누구일까요?"라는 질문에는 대부분의 사람이 B를 꼽을 것입니다.

이처럼 1980년부터 2010년까지 금 가격이 수시로 변하는 와중에 '가장 변동 폭 없이 꾸준히 올랐던 시기가 언제인지를 통계적으로 분석하는 방법'이 바로 회귀분석입니다.

〈표 5〉는 「금의 가을 효과」에서 분석한 월별 금 투자 수익률을 표로 정리한 것입니다. 표를 보면 9월과 11월의 수익이 압도적으로 높은 것을 알 수 있습니다. 단순하게 생각하면 "겨우 1~2%밖에 안

◦ 표 5. 월별 금 투자 평균 수익률 ◦

월	평균 수익률	월	평균 수익률
1월	0.29%	7월	-0.13%
2월	-0.82%	8월	0.75%
3월	-0.19%	9월	2.2%
4월	0.46%	10월	-0.81%
5월	0.14%	11월	1.8%
6월	-0.81%	12월	-0.01%

출처: 「금의 가을 효과」

되는데, 이게 엄청난 수익률인가요?"라고 말할 수도 있지만, 사실 이것은 엄청난 것입니다.

대부분의 사람이 가장 선호하는 것으로 알려진 미국 주식도 역사적인 투자 수익률을 매달 평균으로 계산해보면 0.6% 정도입니다. 이것과 비교해보면 금의 평균 투자 수익률은 미국 주식의 평균 수익률에 비해 9월은 약 3.7배, 11월은 약 3배나 높은 수치라는 것을 알 수 있죠.

게다가 이 월별 수익률을 비율로 비교해보면 다른 달들은 대체로 비슷한데 9월과 11월은 조금 더 높은 수준이 아니라 다른 달에 비해서 정말 압도적으로 높은 수치라는 것을 알 수 있습니다. 결론적으로 9월과 11월은 다른 달과는 다르게 뭔가 특별한 달이라는 점을 알 수 있습니다.

계절	평균 수익률
봄	0.13%
여름	-0.58%
가을	1.04%
겨울	-0.02%

출처: 「금의 가을 효과」

〈표 6〉은 〈표 5〉를 다시 계절별로 나누고, 이를 월 평균 수익률로 표시한 것입니다.

표를 보면 실제 투자 시 계절별(3개월 단위) 수익률을 예측해볼 수 있습니다. 봄에만 투자했다면 나쁘지 않은 정도의 수익을 얻을 수 있었고, 여름에만 투자했다면 오히려 약 -1.6% 정도의 손실을 보게 됩니다. 가을은 약 3% 정도의 수익을 얻을 수 있었습니다. 마지막으로 겨울은 그냥저냥 본전치기 수준이라는 것을 알 수 있습니다.

즉, 투자 대비 수익률 면에서 따져보면 여름은 상대적으로 최악의 계절, 가을은 최고의 계절입니다.

물론 이것은 말 그대로 평균적인 계절별 수익률을 구한 것이고 아직 회귀분석을 한 것은 아닙니다. 여기서 회귀분석을 적용해 월마다 수치가 뒤죽박죽이었는지, 아니면 꾸준했는지 판단해서 정보의 신뢰성을 제대로 분석해야 합니다. 회귀분석 방법을 적용하면

1년의 모든 달 중에서 오직 9월과 11월만이 통계적으로 유의미한 결과로 나옵니다.

다른 달과는 다르게 특별히 9월과 11월의 수익률이 통계적으로 유의미한 결과가 나왔다는 것은 저 시기에는 특정한 이유가 있는 것으로 보는 게 맞을 텐데요. 바우어 교수는 이것이 다음의 두 가지 이유 때문이라고 설명합니다.

· 가을이 금의 계절인 이유

1) 위험 회피적 수요

첫 번째 이유는 위험 회피적인 수요를 꼽을 수 있습니다. 실제로 미국에서는 1929년 10월에 역사상 최악의 경제위기로 꼽히는 대공황이 있었고 1987년 10월에는 월요일 증시 대폭락 사건인 블랙먼데이black monday, 1997년 10월에는 동아시아 외환위기이자 한국의 IMF 사건이 있었습니다. 또한, 2008년 9월에는 글로벌 금융위기가 있었습니다.

이처럼 대부분의 금융 문제 시기가 9월과 10월이라는 사실 때문에 전 세계 금융 경제는 9월만 되면 전반적으로 불안감이 조성되어 단기적으로 금 가격이 자주 뛰는 속성이 있다고 합니다. 즉, 위험을 회피하기 위해서 수요가 늘어납니다.

2) 축제 시즌

다음으로 두 번째 이유는 금 수요가 크게 발생하는 축제 시즌을 꼽을 수 있습니다. 전 세계적으로 9월과 11월은 결혼 시즌이자 크리스마스 시즌입니다. 그래서 금과 같은 보석류의 수요가 엄청나게 늘어난다고 합니다. 특히 금 수요가 가장 많은 국가인 인도의 금 수요량이 9월과 11월이 되면 급증하는데, 이 또한 금 가격 상승의 이유로 꼽을 수 있습니다.

· 최근 투자 수익률 분석

그렇다면 최근에도 9월과 11월에 투자했다면 과연 투자 수익률이 높았을까요? 다음의 그래프를 통해서 실제로 분석해보겠습니다.

〈그림 44〉는 시대별로 가을에 해당하는 9월부터 11월까지의 금 가격을 나타낸 그래프입니다. 그래프에 따르면 2013년부터 가을 시기에 투자했다면 대부분 손실을 보았다는 사실을 알 수 있습니다. 즉, 지난 7년간 이렇게 투자했다면 지금까지의 수익률은 -40% 정도입니다. 이 내용만 보면 논문의 신뢰성을 의심하게 될 것입니다. 그러나 논문의 내용은 전혀 틀리지 않았습니다.

〈그림 45〉는 슈퍼 사이클이 본격적으로 시작된 2004년부터 2011년까지의 금 선물 가격 변동 추이를 나타낸 그래프입니다. 그

골드플레이션

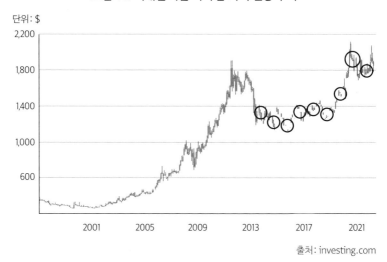

◦ 그림 44. 시대별 가을 시기 금 가격 변동 추이 ◦

단위: $

출처: investing.com

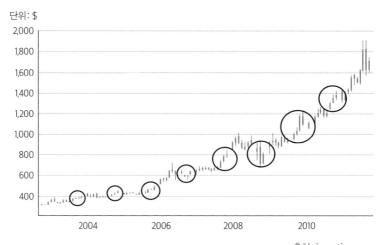

◦ 그림 45. 슈퍼 사이클의 가을 시기 금 선물 가격 변동 추이 ◦

단위: $

출처: investing.com

래프를 보면 슈퍼 사이클이 시작된 후로는 금(선물) 가격이 폭등하는 시기가 대부분 가을에 몰려있다는 것을 알 수 있습니다. 즉, 슈퍼 사이클이 시작된 시기가 아닌데 가을이라고 해서 무조건 투자하면 오히려 더 비효율적인 투자가 된다는 것을 알 수 있습니다.

· 단기 가격 예측 지양

지금 시기는 사실 금리 인상, 양적 긴축 이슈와 여러 경제 이슈부터 우크라이나 전쟁 이슈까지 너무나도 다양한 이슈로 인해 시장이 혼란스러워 많은 투자자가 정확하게 판단하기 어려워하는 시기입니다.

그러다 보니 많은 투자자가 저에게 "금을 지금 사도 되나요?" "금은 언제 사는 게 가장 좋을까요? 금리 인상이 다 끝나고 나서 사는 게 나을까요?"와 같은 질문을 많이 주십니다.

그때마다 저는 단기간의 가격을 예측하는 것은 정말 매우 어려운 일이므로 단기적인 가격에 관해서는 굳이 예측하지 않는 것이 좋다고 말씀드립니다. 여러분도 이번 챕터를 통해서 이 사실을 어느 정도 파악하셨으리라고 봅니다.

「금의 가을 효과」에 나온 것처럼 30년이라는 장기간의 데이터를 회귀분석을 통해 파악했을 때, 가을에 투자하면 압도적으로 수익이 높고 그 분석이 통계적으로 유의미하다는 것도 알 수 있지만, 한편으로는 기준을 단기간으로 두고 보면 맞지 않는 경우가 종종 있다는 점도 알 수 있습니다.

따라서 이러한 분석은 적절한 매수 시점을 정하는 데 필수 자료가 아니라 참고 자료로 사용해야 합니다. 즉, 이 분석을 무조건 맹신해서 '다음 달의 금 가격이 어떻게 될지?'와 같은 단기 가격 예측에 너무 많은 에너지를 쏟는 것은 비효율적입니다.

이에 더해서 다음과 같은 말씀을 더 드리고자 합니다. 이 책을 처음부터 정독하신 분들이라면 현재 금과 은의 가격은 매우 저평가되어 있고 기대 상승률이 높아서 아주 매력적인 투자 상품이라는 것을 알고 계실 것입니다. 그래서 단기적으로 가격을 예측해서 투자할 수도 있습니다.

그러나 이런 단기 예측 투자는 중요한 게 아닙니다. 투자는 단기간에 한 번 크게 벌고 끝내는 도박이 아닙니다. 정말 죽을 때까지 수백 번, 수천 번의 싸움을 반복해야 하는 게임이죠. 그렇다면 결국 내가 이길 확률이 높은 게임을 무한 반복하는 것이 정답입니다. 이번 챕터를 통해서 유리한 싸움을 조금이라도 더 지속하고자 하는 현명한 투자자가 되시기를 진심으로 바랍니다.

Chapter 4

전쟁과 금 가격의 상관관계

· 전쟁과 금

최근 러시아와 우크라이나의 전쟁 이슈로 전 세계적으로 안전자산을 선호하는 현상이 일어나 금값이 많이 오르고 있는데요. 상황이 이렇다 보니 많은 사람이 전쟁이 나면 과연 금 가격이 얼마나 오르는지 궁금해합니다. 그래서 이번 챕터에서는 전쟁 시기에 금 가격이 어떻게 움직였는지를 알려드리도록 하겠습니다.

전쟁은 수많은 자금이 필요한 일입니다. 양국 모두 자국이 꼭 이겨야만 하는 싸움인 만큼 모든 것을 걸고 싸우죠. 따라서 엄청난 빚

골드플레이션

을 지더라도 이기기 위해서 무기와 전쟁 물자를 계속 생산하고 구매합니다. 이렇게 되면 해당 국가의 화폐 가치가 폭락하고 물가가 치솟는 현상이 발생합니다. 그렇다면 그 국가의 화폐를 보유한 모든 사람이 한순간에 큰 손실을 보게 되는 것이죠. 바로 이때 금의 수요가 폭증하고 이에 따라 금 가격도 치솟습니다.

그런데 더 큰 문제는 전쟁의 규모에 있습니다. 만약 전쟁이 한 지역에서만 일어나거나 작은 국가에서만 벌어지는 사건이라면 사실상 세계 경제에 미치는 영향이 매우 적으므로 금 가격에도 큰 영향을 미치지는 않을 것입니다.

하지만 일반적으로 전쟁이라는 것은 다양한 국가의 상호 이해관계가 얽혀있다 보니, 처음에는 작은 규모로 시작하더라도 전쟁이 더 커지는 게 아닌가 하는 우려들이 생겨나면서 단기적으로는 금 가격이 급등하는 일이 자주 발생합니다. 실제 자료를 통해서 특정한 지역이나 국가에서만 발생한 전쟁인 국지전 시기의 금 가격 분석과 세계대전 시기의 금 가격 분석을 보여드리도록 하겠습니다.

· 국지전

1) 한국전쟁(6.25전쟁)

먼저 대표적인 국지전 중 하나로 한국전쟁이 있습니다. 일반적으로

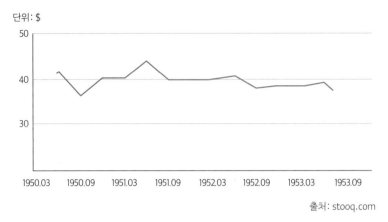

∘ 그림 46. 한국전쟁 시기 금 가격 변동 추이 ∘

단위: $

출처: stooq.com

6.25전쟁이라고 말하는 바로 그 전쟁입니다. 이 시기의 금 가격은 어땠을까요?

〈그림 46〉은 한국전쟁 시기의 금 가격을 분석한 그래프입니다. 그래프를 보면 전쟁이 발발한 직후에는 사람들의 안전자산 선호 현상과 전쟁 확산 우려로 금 가격이 단기적으로는 조금 상승했지만, 결국은 제자리로 돌아왔다는 것을 알 수 있습니다. 즉, 전쟁이 금 가격에 큰 영향을 끼치지는 않았습니다.

2) 걸프전

다음으로 다른 국지전인 걸프전을 보겠습니다. 걸프전은 금 가격에 어떤 영향을 끼쳤을까요?

〈그림 47〉은 걸프전 시기의 금 가격을 분석한 그래프입니다. 한

골드플레이션

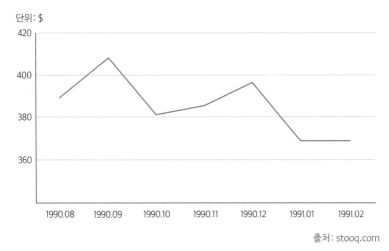

단위: $

출처: stooq.com

국전쟁과 마찬가지로 걸프전도 발생 직후에는 금 가격이 단기적으로는 다소 상승했지만, 결국은 원래대로 내려가면서 딱히 큰 영향을 끼치지 않았다는 것을 알 수 있습니다.

· 세계대전과 금 가격

이번에는 국지전이 아니라 세계대전 시기 금 가격의 변동 추이를 살펴보고자 합니다. 세계대전은 과연 금 가격에 영향을 끼쳤을까요? 일단 결론부터 말씀드리면 100배 이상 상승했을 것으로 예상됩니다. 그래프를 통해 실제로 과연 그랬을지 확인해보겠습니다.

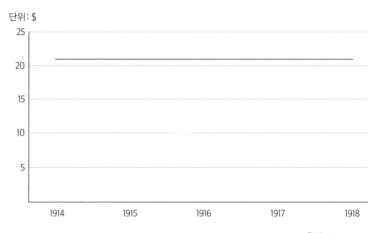

◦ 그림 48. 제1차 세계대전 시기 금 가격 변동 추이 ◦

단위: $

출처: stooq.com

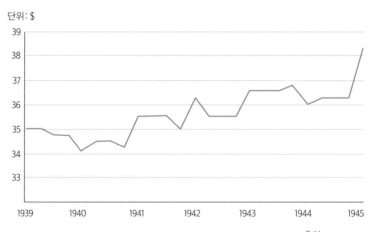

◦ 그림 49. 제2차 세계대전 시기 금 가격 변동 추이 ◦

단위: $

출처: stooq.com

골드플레이션

〈그림 48〉은 제1차 세계대전 시기, 〈그림 49〉는 제2차 세계대전 시기의 금 가격을 분석한 그래프입니다. 그래프를 보면 제1차 세계대전 시기에는 금 가격이 아무런 변화가 없었지만, 제2차 세계대전 시기에는 가격이 올랐다는 것을 알 수 있습니다.

그런데 사실 제1차 세계대전 시기는 계속해서 말씀드렸다시피 금본위제 시기여서 국가가 금 가격을 고정해서 통제했습니다. 그래서 이 시기에 공식적인 금 가격이 변화하지 않은 것은 당연한 일입니다. 다만 다음의 방법을 통해 공식적인 가격 외에 실제 금 가격이 얼마나 올랐는지 대략 유추해볼 수 있습니다.

1) 은 가격

첫 번째 방법은 은 가격을 살펴보는 것입니다. 이 당시에 금은 가격이 고정되어 있었지만, 은은 아니었거든요. 그래프를 통해서 은 가격의 변동 추이를 확인해보겠습니다.

〈그림 50〉은 제1차 세계대전 시기, 〈그림 51〉은 제2차 세계대전 시기의 은 가격을 분석한 그래프입니다. 그래프에 따르면 제1차 세계대전 시기에 은 가격은 약 100%나 상승했고 제2차 세계대전 시기에는 약 65%나 상승했습니다. 물론 이 당시에 은은 가격이 고정되어 있지는 않았지만, 그렇다고 완전히 자유로웠던 것도 아니었기에 상승률이 다소 낮아 보일 수는 있습니다. 다만 그래프에서 보이는 것처럼 제1차, 제2차 세계대전 시기에 금과 은에 대한 수요가 매

그림 50. 제1차 세계대전 시기 은 가격 변동 추이

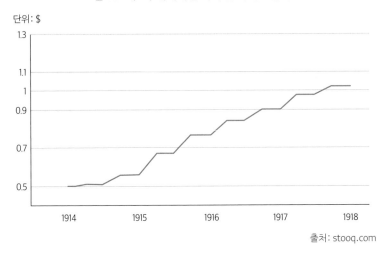

단위: $

출처: stooq.com

그림 51. 제2차 세계대전 시기 은 가격 변동 추이

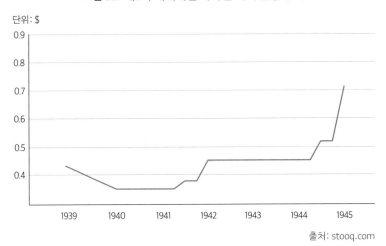

단위: $

출처: stooq.com

골드플레이션

우 컸으리라는 점은 확실히 알 수 있습니다.

2) 실질금리

두 번째 방법은 금 가격에 가장 큰 영향을 미치는 요소를 분석해서 유추하는 것입니다. 앞에서 말씀드렸던 대로 금 가격에 가장 큰 영향을 미치는 요소로는 파트 2에서 다루었던 실질금리가 있습니다. 따라서 시대별 실질금리 분석을 통해 제1차, 제2차 세계대전 시기의 금 가격 변동 추이를 유추해보고자 합니다.

〈표 7〉을 통해서 시대별로 분석해보면 1970년부터 1980년까지 금이 무려 약 26배나 올랐던 시기에 실질금리는 -5%까지 하락했습니다. 또 2002년부터 2011년까지 금이 약 6배나 상승했던 시기에는 실질금리가 약 -3%까지 하락했습니다.

그런데 제1차 세계대전 때 실질금리는 무려 약 -13%까지 하락했고, 제2차 세계대전 때는 그보다 훨씬 더 낮은 약 -18%까지 하락

∘ 표 7. 시대별 실질금리와 금 가격 상승률 ∘

	실질금리	금 가격 상승률
1970~1980	-5.86%	약 26배
2002~2011	-3.76%	약 6배
제1차 세계대전	-13.68%	최소 50배
제2차 세계대전	-18.86%	최소 100배

출처: 세인트루이스 연방준비은행

했습니다. 이때 금의 수요는 전쟁 때문에 1970년대보다 몇 배 이상
으로 더 많았을 수밖에 없다는 점을 감안하면, 실질적인 금 가격도
최소 50배, 100배 이상 상승했을 것으로 유추해볼 수 있습니다.

3) 생산량

마지막으로 파트 2에서 금 가격에 가장 큰 영향을 미치는 또 다른
요소 중의 하나로 금의 생산량을 다루었습니다. 따라서 금의 생산
량을 통해서도 금 가격을 유추해볼 수 있습니다.

〈그림 52〉는 제1차, 제2차 세계대전 당시 금의 생산량을 분석한
그래프입니다. 그래프를 살펴보면 음영으로 표시한 부분에서 생산
량이 엄청나게 줄어들었다는 점을 알 수 있습니다. 이것이 얼마나

∘ 그림 52. 제1차, 제2차 세계대전 시기 금 생산량 변동 추이 ∘

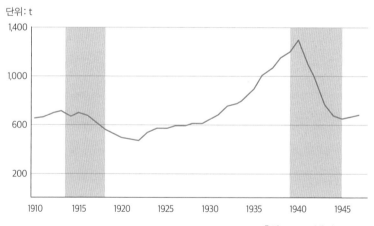

출처: ourworldindata.com

골드플레이션

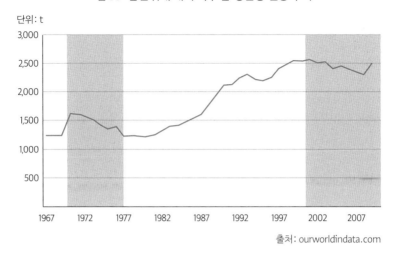

◦ 그림 53. 금본위제 폐지 이후 금 생산량 변동 추이 ◦

단위: t

출처: ourworldindata.com

심각한 현상인지는 다음 그래프를 통해서 알 수 있습니다.

〈그림 53〉은 금본위제 폐지 이후로 금 생산량의 변화를 분석한 그래프입니다. 금본위제가 폐지되어 금의 생산량이 고작 저만큼 줄었을 때(첫 번째 음영 부분)도 금 가격은 약 26배가 폭등하고, 이후(두 번째 음영 부분) 또 다시 약 7배나 폭등했습니다. 이 점으로 미루어볼 때 제1차, 제2차 세계대전 당시의 실질적인 금 가격 역시 정말 상상할 수 없을 만큼 폭등했으리라는 걸 충분히 유추할 수 있습니다.

최근 러시아와 우크라이나 간 전쟁 이슈로 전쟁 시기에 금 가격은 어떻게 될지 궁금해하는 투자자가 많습니다. 은 가격, 실질금리, 생산량 등 각종 자료를 통해서 살펴보면, 실제로 전쟁 시기에 금 가격은 크게 상승하는 것을 알 수 있습니다. 다만 여기서 중요한 점은 투자 관점에서 '실제로 전쟁이 금 가격에 영향을 미치는가?'라는 점 보다는 '전쟁의 발발 여부'에 초점을 맞추어야 한다는 점입니다.

만약 지금 세계대전이 일어난다면 금 가격은 어떻게 될까요? 지금은 금본위제 시절이 아니기에 금 가격이 고정되어 있지 않으므로 최소 50배에 가까운 상승이 일어나리라고 예측할 수 있습니다. 다만 현대 사회에서는 그 누구도 세계대전을 원하지 않으므로 전쟁이 발발할 가능성은 매우 낮습니다.

따라서 우리가 금과 은에 투자할 때는 전쟁이라는 부분을 너무 신경 쓰기보다는 앞에서 계속 말씀드렸던 대로 금과 은의 본질을 이해하고 투자하는 것이 가장 중요합니다.

Chapter 5

금본위제로 회귀 시 금과 은 가격의 추이

· 금본위제로의 회귀

앞서 말씀드렸던 대로 2008년 글로벌 금융위기 이후 전 세계 중앙은행은 달러 대신 금을 모으기 시작했습니다. 이에 따라 전 세계 중앙은행들의 금 보유량은 44년 만에 최고치를 경신했습니다.

여기에 더불어서 최근 러시아는 우크라이나 침공 이후 루블화의 폭락을 경험하면서 금을 포함한 귀금속들에 대한 세금을 전면 폐지하고, 중앙은행을 통해 금 1g당 5,000루블이라는 가격으로 금을 매입한다고 발표했습니다. 게다가 천연가스의 수출 대금을 루블화와 금으로만 받겠다고 발표하면서 본격적으로 금본위제를 시행하려는 움직임을 보여주고 있습니다.

또한, 전 세계 금 생산량 1위 국가인 중국은 2008년부터 금 수출을 전면 중단하고 공식적으로도 금 매입을 지속하며 금본위제 시행에 대한 가능성을 키워가고 있습니다.

결국 이러한 일들로 인해 세간에서 금본위제가 다시 시작되는 것은 아닌지에 대한 의문이 제기되고 있습니다. 사실 전 세계 각국은 지난 50년간 금본위제가 아니어서 경쟁하듯이 화폐를 발행했던 것인데, 만약 다시 금본위제로 돌아간다면 무자비하게 늘렸던 화폐량만큼 금 가격을 다시 조정하는 과정을 거쳐야 합니다. 그러면 이렇게 다시 금본위제로 회귀했을 때 금과 은의 가격은 과연 어떻게 될 것인지에 관해서 알려드리겠습니다.

· 금본위제 시기 금과 은의 가격

1) 금 가격

제가 중국집을 운영한다고 가정해보겠습니다. 저희 가게에 지금 탕수육을 만들 수 있는 재료가 총 10개 분량이 있습니다. 그런데 제가 시중에 탕수육 쿠폰 총 100장을 배포했다면 저희 가게는 고객이 이 쿠폰을 몇 개를 가져와야 탕수육 1개로 바꾸어주겠다고 할까요?

당연히 쿠폰 10장당 탕수육 1개로 바꾸어줘야 발행한 수량에 맞추어서 딱 탕수육 10개를 나누어줄 수 있겠죠?

그런데 만약 탕수육 재료 분량은 그대로인데 발행한 쿠폰 수가 200장으로 늘어났다면 당연히 탕수육 1개로 바꾸려면 쿠폰 20장을 들고 와야 한다고 공지를 띄울 것입니다.

금본위제 시기에 금 가격을 계산하는 방법도 이와 똑같습니다. 1921년 시중에 발행된 달러는 약 320억 달러였습니다. 그 이후로도 달러의 양은 계속해서 늘어나 2021년경에는 약 28조 2,030억 달러까지 늘어나게 되었습니다. 약 900배가 늘어난 것인데요. 하지만 지구에 있는 금의 총량은 항상 고정되어 있으니 만약 금본위제로 돌아간다면 금 가격도 과거에 비해서 약 900배가 늘어나야 하는 게 맞습니다.

즉, 1921년 당시의 금 가격은 20달러였으므로 만약 2021년에 다시 금본위제로 돌아간다면 금 가격은 약 1만 8,000달러가 되는 게 맞습니다. 2021년의 실제 금 가격이 약 1,960달러였으니 이론 상으로는 여기서 약 9배 이상 상승해야 하는 것이죠.

물론 저와 다르게 계산하는 사람들도 있습니다. 어떤 사람들은 현재 미국의 중앙은행인 연방준비은행이 설립된 1913년을 기준으로 계산하기도 하는데요. 이렇게 계산할 경우에는 약 2만 1,000달러가 됩니다.

물론 지금 가치보다 늘어나야 한다는 사실 자체는 크게 다르지 않으니 한마디로 현재 금 가격은 1만 8,000~2만 1,000달러 사이가 되어야 한다는 이야기입니다.

2) 은 가격

그렇다면 은 가격은 어떻게 될까요? 금본위제에서는 은 가격도 어느 정도 통제하므로 금본위제로 회귀하면 은 가격도 달라집니다.

　은은 계산 방식이 좀 더 복잡하고 편차도 큰 편입니다. 일단 기본적인 계산 방식과 제가 쓰는 계산 방식을 각각 알려드리겠습니다.

　은 가격을 계산하기 전에 가장 먼저 말씀드려야 할 것은 금본위제 당시의 은 가격은 금은비gold silver ratio를 토대로 정해진다는 사실입니다. 여기서 금은비가 무엇인지 궁금하신 분을 위해 예를 들어서 설명하겠습니다. 우리가 100원짜리 동전 10개와 1,000원짜리 지폐 1장을 바꾸는 것처럼, 금은비는 은 몇 개와 금 1개를 바꿀 수 있는가 하는 비율을 뜻합니다.

　그렇다면 금은비를 어떻게 정할 것인지가 은 가격을 파악하기 위한 핵심인데요. 가장 대표적인 방법은 매장량이나 총량을 기준으로 정하는 것입니다. 다음의 표는 제가 직접 금의 생산량, 수요량, 매장량, 총량을 모두 구해서 금은비를 계산한 표입니다.

　〈표 8〉을 보면 금은비는 대체로 7과 10 사이를 오가는 것을 알 수 있습니다. 그래서 〈표 9〉에서는 평균값인 8.1 대 1로 계산(최솟값)하고, 또 보수적으로 10 대 1로도 계산(최댓값)해보았습니다.

　　　　　　　　　　　　　　　　　　　　골드플레이션

○ 표 8. 금본위제 시기 금은비 ○

	금	은	금은비
생산량	4,666.1t	32,850.9t	7:1
수요량	3,994.4t	32,126.3t	8:1
매장량	57,000t	560,000t	9.8:1
총량	250,000t	1,900,000t	7.6:1

출처: 세계금협회, silverinstitute.org

○ 표 9. 금은비에 따른 은 가격의 최솟값 및 최댓값 1 ○

금은비	은 가격 최솟값	은 가격 최댓값
8.1:1	$2,222	$2,592
10:1	$1,800	$2,100

출처: 저자 작성

평균값인 8.1 대 1로 계산하면 은 가격은 2,222~2,592달러라는 범위가 나옵니다. 보수적으로 10 대 1로 계산하면 1,800~2,100달러라는 범위가 나옵니다.

여기까지는 대표적인 계산 방식을 토대로 설명해드린 것인데요. 사실 저는 조금 생각이 달라서 저의 계산 방식도 말씀드리겠습니다. 일단 저는 지난 5000년 동안의 금은비 데이터를 기반으로 설명해드리고자 합니다. 다음의 표를 보겠습니다.

시대	금은비	시대	금은비
메네스, 이집트(기원전 3200년)	2.5	독일(1500년)	10.05
이집트(기원전 2700년)	9	1600~1620년	12.1
함무라비, 메소포타미아(기원전 2700년)	6	1700~1720년	15.1
이집트(기원전 1000년)	10	1800~1820년	15.3
크로이소스(기원전 550년)	13.33	1821~1840년	15.6
다리우스 휘하의 페르시아 시대	13	1841~1860년	15.6
플라톤(기원전 445년)	12	1861~1870년	15.6
크세노폰(페르시아) 시대	11.66	1871~1880년	16.7
메난데르(기원전 341년)	10	1881~1882년	17.6
그리스(기원전 300년)	10	1883~1884년	18.4
로마(기원전 207년)	14.5	1885~1886년	19.9
로마(기원전 189년)	10	1887~1888년	21.2
로마 율리우스 카이사르(기원전 40년)	7.5	1890년	18.3
로마 클라디우스	12.5	1932년	75
콘스탄티누스 대제	10.5	1940~1941년	100
테오도시우스 법전	14.4	1980년	16
중세 잉글랜드	11.1	1991년(2월)	100
중세 이탈리아	12.6	1994년(7월)	73.25
스페인, 메디나 칙령(1497년)	10.07		

출처: sdbullion.com

〈그림 54〉는 바로 기원전 3200년부터 1994년까지의 금은비 데이터입니다. 이를 그래프로 바꾸어보면 한눈에 파악하기가 더 쉬워집니다.

〈그림 55〉는 〈그림 54〉를 토대로 일정 부분을 잘라낸 후 재구성한 그래프입니다. 일정 부분은 금은비가 격변하는 1932년 이후를 말합니다. 이 부분을 자르고 보면 금은비가 일정한 추세를 갖고 상승하는 흐름을 보인다는 것을 알 수 있습니다. 이 추세선을 따라서

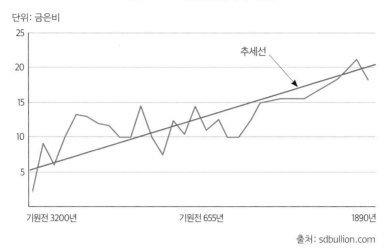

◦ 그림 55. 5000년간 금은비 추세선 ◦

단위: 금은비

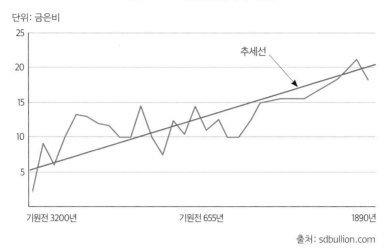

출처: sdbullion.com

보면 현재는 약 20 대 1의 비율이라고 유추해볼 수 있습니다.

〈표 10〉은 제가 재구성한 비율에 따라서 다시 계산한 은 가격입니다. 이를 토대로 계산하면 은 가격의 범위는 900~1,050달러가 된다는 것을 알 수 있습니다.

◦ 표 10. 금은비에 따른 은 가격의 최솟값 및 최댓값 2 ◦

금은비	은 가격 최솟값	은 가격 최댓값
8.1:1	$2,222	$2,592
10:1	$1,800	$2,100
20:1	$900	$1,050

출처: 저자 작성

결론적으로 모든 시나리오를 통틀어서 은 가격의 범위를 확인해 보면 900~2,600달러 정도가 됩니다. 이처럼 은은 확실히 금보다는 편차가 심하다는 것을 알 수 있습니다.

· 금본위제 회귀 시 변화

정리해서 말씀드리면 현재 상황에서 금본위제로 회귀하면 화폐의 양과 금의 양을 맞추는 과정에서 금과 은의 가격 변화가 크게 일어납니다. 정확한 예측값은 아니지만, 금 가격은 지금보다 약 10배 정도 상승할 것이며, 은은 약 30배에서 많게는 약 100배까지도 상승할 것입니다. 사실 이렇게 보면 금본위제가 되었을 때 가장 혜택을 받는 것은 은인 듯합니다.

그렇다면 이런 의문이 드실 수도 있겠습니다. '금본위제로 회귀하면 백금이나 팔라듐의 가격은 어떻게 될까?'라는 의문입니다. 그것은 사실 알 수 없습니다. 왜냐하면 금과 은은 이미 지난 5000년간 돈으로 쓰였기 때문에 금본위제로 회귀하면 가격 변화가 생기는 것인데, 앞서 다루었던 것처럼 백금이나 팔라듐은 돈이 아니기 때문이죠.

〈그림 43〉에서 금, 은, 구리, 백금, 팔라듐의 가격 그래프를 분석한 것처럼 금과 은은 돈으로써의 가치만 가격에 반영되지만, 다른

것들은 산업적인 수요도 가격에 반영됩니다. 즉, 그것들은 돈이 아니라 산업재로 봐야 합니다. 따라서 다른 귀금속들은 금본위제로 회귀한다고 해도 금과 은만큼의 큰 가격 변화는 일어나지 않을 것입니다.

또한, 아직은 실제로 금본위제로 회귀한 것이 아니므로 이런 예측보다 우리가 꼭 기억해야 할 것은 '인류 역사상 모든 화폐는 결국 종잇조각이 되었고 인류는 언제나 다시 금과 은으로 돌아갔다'라는 사실입니다. 그러므로 우리의 자산을 지키는 가장 안전한 방법으로 금과 은을 일정량 보유하고 있어야 한다는 사실을 다시금 상기하셨으면 좋겠습니다.

○ Chapter 6 ○

금과 은 가격을
미국이 조작한다는 주장

· 달러가 기축통화가 된 이유

미국은 제2차 세계대전 시기에 각국에 수많은 전쟁 물자를 지원하면서 전 세계의 돈을 쓸어 담았습니다. 이 당시에는 돈이 금이었으므로 각국의 많은 금이 미국에 흘러 들어갔는데요. 그래서 제2차 세계대전이 종전될 때쯤 미국은 전 세계 금의 약 70%를 보유하게 되었습니다.

1944년 미국 뉴햄프셔주의 브레턴우즈Bretton Woods에 전 세계 모든 국가의 대표가 모였습니다. 이들은 회의를 통해 현재 미국이 가장 많은 금을 가진 만큼, 자국의 금을 미국에 맡기고 그 금을 언제든지 교환할 수 있는 교환권인 달러로 받기로 협의했습니다. 그리고 달러를 기축통화로 정하고 전 세계 무역 과정에서 쓰기로 했습니다. 바로 이때부터 미국은 전 세계의 중심인 패권국가霸權國家가 되었습니다.

패권국가는 가장 강력한 군사력을 가진 국가인 만큼, 전 세계의 경찰 역할을 맡을 필요가 있습니다. 또한, 기축통화를 보유하고 있으므로 세계적으로 부족한 유통량만큼 화폐를 채워줘야 하며, 동시에 화폐를 발행해서 상품을 만드는 국가의 물건을 사줘야 합니다.

이렇게 되자 세월이 지날수록 금의 총량은 그대로인데 시중의 화폐는 점점 늘어나게 되었습니다. 그러자 많은 국가가 미국에 달러를 갖다주고 다시 금을 찾아가기 시작했습니다. 왜냐하면 진짜 돈은 금인데 가짜 돈인 달러만 많아진다면 나중에 금을 돌려받지 못하거나 일부분만 돌려받는 상황을 맞이할 수도 있으니까요.

미국은 금을 찾으러 오는 국가에 금을 돌려주면서 보유한 금이 점점 줄어들게 되었지만, 달러를 더 발행하는 것을 멈출 수는 없었습니다. 이윽고 달러를 들고 금을 찾으러 오는 사람들에게 더 이상 바꾸어줄 수 있는 금이 없는 상황까지 오게 되었습니다.

그래서 결국 1971년, 당시 미국의 대통령이었던 리처드 닉슨Richard Nixon 대통령은 앞으로는 달러를 가지고 와도 더 이상 금으로 교환해줄 수 없다고 발표했습니다. 사실상 디폴트, 즉 파산을 선언한 것이었습니다. 그래서 그때부터 금 가격이 폭등하기 시작해 무려 약 26배나 상승하는 기염을 토하고, 반대로 달러의 가치는 폭락했습니다.

그러자 미국은 이런 생각을 하게 됩니다. '왜 돈은 꼭 금이어야만 하는 거지? 사람들이 달러를 돈이라고 믿게 만들 수는 없을까?'

달러본위제는 바로 이 지점에서 출발했습니다.

· 돈의 조건

파트 1에서 말씀드렸던 대로, 돈은 크게 두 가지 조건을 충족해야만 돈이 될 수 있습니다. 여기서 한 번 더 정리해보겠습니다.

1) 거래의 수단

첫 번째로 돈은 거래의 수단이어야 합니다. 예를 들어서 문화상품권처럼 영화관에서는 쓸 수 있어도 마트에서는 못 쓰는 것이라면 누구도 그것을 돈으로 받아들이려 하지 않겠죠. 즉, 돈은 어디서든 거래의 수단으로 사용할 수 있어야 합니다.

2) 가치 저장의 수단

두 번째로 돈은 가치 저장의 수단이어야 합니다. 예를 들어서 핸드

골드플레이션

돈은 시간이 지나면 지날수록 가치가 점점 더 떨어집니다. 우리가 돈을 모으는 이유 중 하나는 내 자산이 안전하게 유지되기를 원하기 때문입니다. 그런데 돈이 가치를 제대로 저장하지 못한다면 사람들은 그것을 버리고 안전하게 유지되는 다른 것을 찾을 것입니다. 그리고 그게 돈이 되겠죠. 따라서 돈은 가치가 절대로 훼손되어서는 안 됩니다.

미국은 달러를 돈으로 만들기 위해서 이 두 가지 조건을 충족시키기로 계획했습니다.

• 달러본위제의 탄생

1) 페트로달러 시스템

미국은 돈의 첫 번째 조건을 충족시키고자, 즉 달러를 거래의 수단으로 쓰이게 하고자 일단 석유를 독점했습니다.

당시는 제2차 산업혁명 시기였습니다. 이때는 석유 없이는 정말 아무것도 할 수 없을 만큼 석유 의존도가 매우 높았습니다. 그래서 미국은 이 점에 착안해서 사우디아라비아와 협약을 맺어 달러본위제를 노렸습니다.

지구상의 거의 모든 석유는 중동에 집중적으로 매장되어 있는데, 미국은 전쟁이 잦은 중동의 특성을 이용해 전 세계에서 가장 강력한 군사력으로 중동을 지켜주는 대신에 중동 국가들이 석유를 팔 때 오로지 달러만 받기로 협약을 맺었습니다.

모든 국가는 석유가 필요한데, 이제 석유를 사려면 무조건 달러로 거래할 수밖에 없게 되었습니다. 이를 페트로달러^{petrodollar} 시스템이라고 합니다. 이로써 달러는 돈의 첫 번째 조건인 거래의 수단을 충족했습니다.

2) 신용화폐 시스템

돈의 두 번째 조건인 가치 저장의 수단은 실질금리를 이용해서 충족했습니다. 화폐는 필연적으로 계속해서 늘어날 수밖에 없도록 설계되어 있습니다. 그 말은 즉, 화폐의 가치는 영원히 하락할 수밖에 없다는 말과 일맥상통합니다.

그러나 앞에서도 말씀드렸던 것처럼 화폐가 늘어나서 물가가 상승하더라도 은행에서 그보다 더 많은 이자를 지급해주면 그 돈을 보유한 사람들은 오히려 실질적으로는 자산이 더 늘어나게 됩니다. 즉, 자산의 가치가 잘 보존된다는 것이죠.

따라서 미국은 이 실질금리를 계속 플러스로 유지할 것을 약속했습니다. 이것을 신용화폐 시스템이라고 말합니다. 이로써 달러는 돈의 두 번째 조건인 가치 저장의 수단마저도 충족했습니다. 결국 달러는 정말 돈이 되었습니다. 이때부터는 더 이상 금이 돈이 아니라 달러가 돈이 된 것입니다. 즉, 세계는 금본위제를 벗어나 달러본위제 시대에 접어들었습니다.

· 미국이 금 가격을 통제한다는 주장의 진실

미국은 이처럼 힘들게 금의 족쇄에서 벗어났지만, 아직도 전 세계 중앙은행은 달러보다 금을 더 많이 보유하고 있습니다. 이런 단편적인 정보만 보면 아주 만약에라도 금본위제의 흐름이 다시 찾아온다면 미국은 금을 거의 갖고 있지 않아서 패권에 큰 위협을 받을 수도 있겠다는 우려를 할 수도 있습니다. 따라서 사람들이 금에 집중하지 못하도록 미국 측에서 금 가격이 상승하는 것을 강제로 막고 있다고 주장하는 사람들이 많습니다.

일단 화폐 시스템이 지금처럼 변하게 된 과정은 앞에서 말씀드린 대로 미국이 주도한 것이 맞습니다. 그런데 미국이 금 가격을 통제한다는 주장은 근거가 많이 떨어지는 주장입니다.

이 주장의 문제점은 조금만 생각해보면 바로 알 수 있습니다. 금 가격이 오르지 못하도록 막는다는 것은 금을 가장 적극적으로 모으는 중국과 러시아가 더 싸게 금을 살 수 있도록 돕는 꼴이 되는 것인데, 미국이 굳이 그렇게 할 필요가 있을까요?

또한, 금의 생산량도 생각해봐야 합니다. 앞서 말씀드린 대로 금의 생산량은 일정합니다. 아무리 늘리고 싶다고 하더라도 금과 은의 특성상 크게 늘릴 수가 없습니다. 그런데 가격 상승을 강제적으로 억제한다면 막대한 수요를 공급이 모두 감당할 수 없게 되어 당연히 지난 수십 년간 공급 부족 현상이 발생했어야 합니다. 그러나 실제로 그렇지 않았다는 점이야말로 이 주장이 틀렸다는 것을 바로 보여줍니다.

· 미국의 무기 증거금

1) 증거금

미국이 금과 은 가격을 통제한다고 주장하는 사람들이 가장 많이 말하는 내용 중 하나가 바로 '증거금(유지증거금)'을 조정해서 가격을 통제한다는 주장입니다. 실제로 이 주장은 해외에서뿐만 아니라 우리나라에서도 수많은 사람이 말하는 주장입니다. 심지어는 뉴스에서 보도한 사례도 있습니다.

하지만 이 주장 역시 잘못된 주장입니다. 이것을 설명하기 전에 먼저 증거금이 무엇인지에 관해서 말씀드리겠습니다. 파트 2에서 말씀드렸던 대로 대부분의 금과 은 거래는 선물 거래로 이루어집니다. 일반적으로 선물 거래에서는 레버리지를 사용합니다. 금은 대략 20배가 넘는 레버리지를 사용할 수 있습니다. 다만 이런 상황에서는 금 가격이 -5%만 하락해도 파산하게 됩니다.

그런데 그렇게 잃은 돈이 내 돈이라면 상관없지만, 레버리지라는 것은 결국 증권사에서 돈을 빌려준 것이니 이게 문제가 됩니다. 한마디로 레버리지 투자가 실패하면 증권사에서 빌린 돈까지 다 날리고 파산해버리는 것입니다.

그래서 증권사는 너무 큰 리스크를 지지 않기 위해 '유지증거금'이라는 규제를 두었습니다. 유지증거금이란 한마디로 "당신의 투자금이 정해놓은 금액 밑으로 내려가면 증권사가 강제로 팔아버리겠다!"라고 정해놓은 것이죠.

따라서 "유지증거금이 올라갔다"라는 말은 "이전보다 가격이 덜 하락하더라도 강제로 청산하겠다"라는 말이고, 반대로 "유지증거금이 내려갔다"라는 말은 "이전보다 가격이 더 하락해도 용인하겠다"라는 뜻으로 이해하시면 됩니다.

미국 최대의 선물 거래소인 시카고 거래소 그룹Chicago Mercantile Exchange Group, CME Group에서 유지증거금을 높이면 기존에 은 선물 계약을 아슬아슬한 수준으로 보유하고 있던 투자자와 약간의 손실을 보던 투자자들은 강제로 청산당하게 됩니다.

그런 상황이 되면 투자자들은 당연히 강제 청산을 회피하기 위해 기존에 보유하고 있던 선물 계약을 어느 정도 팔아서 현금을 보유하려고 합니다.

즉, 증거금을 조정하는 것은 결국 은 가격을 억제하는 효과를 일으킵니다. 그러나 이렇게 논리적으로만 생각하면 그럴듯해 보이는

'증거금 조정을 통한 가격 억제 주장'도 사실은 그렇지 않습니다. 바로 다음의 이유 때문입니다.

2) 규제의 한계

규제가 상승 추세를 바꿀 수는 없습니다. 단적인 예로 우리나라 부동산 시장만 봐도 알 수 있죠. 벌써 수많은 규제 정책이 나왔음에도 불구하고 가격은 쉬지 않고 연일 올라갑니다.

좀 더 쉽게 말해보겠습니다. 만약 내가 지금 배가 고프다면 무슨 수를 써서라도 밥을 사 먹을 것입니다. 그런데 내가 만약 배가 고프지 않다면 돈이 아무리 많아도 굳이 시간과 돈을 써가면서 밥을 사 먹으러 가지는 않겠죠.

자산도 마찬가지입니다. 특정 자산이 투자자에게 매력적이라면 국가가 아무리 규제해도 그 자산의 가격은 오를 것이고, 매력적이지 않다면 아무리 규제를 풀어줘도 가격은 오르지 않습니다.

실제로 2011년에 시카고 거래소 그룹이 증거금을 인상하고 나서 금과 은의 가격이 폭락했다는 사례를 들어서 이 주장을 하는 사람들이 있습니다. 그러나 아마도 이들 중 대부분은 증거금이 지금까지 어떻게 바뀌어왔고, 이에 따라 금과 은의 가격이 어떻게 움직였는지 실제로 확인해보지 못해서 이런 주장을 하는 것입니다. 그렇다면 증거금이 어떻게 바뀌어왔고 금과 은의 가격은 어떻게 움직였는지를 데이터를 통해서 같이 확인해보겠습니다.

골드플레이션

3) 증거금과 은 가격

◦ 그림 56. 시대별 은 가격 및 유지증거금 변동 추이 ◦

단위: $(좌: 은 가격/우: 유지증거금)

— 은 가격　— 유지증거금

출처: stooq.com, 시카고 거래소 그룹

〈그림 56〉은 증거금과 은 가격의 변동을 겹쳐놓은 그래프입니다. 그래프를 보면 한눈에 아시겠지만, 사실 증거금이 인상되거나 인하되는 일은 아주 빈번한 일입니다.

　게다가 그래프를 보면 증거금의 변화는 은 가격에 후행後行해서 움직였다는 사실도 알 수 있습니다. 즉, 은 가격이 가파르게 상승하면 곧바로 증거금도 크게 상승하고, 은 가격이 가파르게 하락하면 뒤이어서 증거금도 떨어지는 모습입니다.

　결국 많은 분이 주장하는 대로 증거금 인상이 은 가격을 억제한 것이 아닙니다. 실제로 확인해보면 증거금을 가파르게 올려서 은 가격 상승을 억제했다고 보이는 곳은 한 군데도 없습니다. 반대로 증거금을 인하했다고 은 가격이 올라가는 모습도 없고요.

4) 증거금이 변하는 이유

그렇다면 증거금은 도대체 왜 올리거나 내리는 것일까요? 다음의 두 가지 경우 때문에 그렇습니다.

첫 번째로 은 가격이 꾸준히 오르거나 떨어졌을 때 증거금을 조정합니다. 예를 들어서 은 가격이 1,000원이라고 하겠습니다. 여기서 선물 거래를 하면 20배의 레버리지를 사용하니 2만 원어치를 사게 됩니다.

이때 2만 원어치의 은은 투자자의 돈 1,000원과 증권사의 돈 1만 9,000원을 합쳐서 투자한 것입니다. 이때 만약 은 가격이 -5% 하락하면 은 가격은 1,000원에서 950원이 되지만, 내 자산은 2만 원에서 1만 9,000원이 됩니다. 그렇다면 나는 벌써 내 돈을 다 잃어버린 것이죠. 따라서 은 가격이 1,000원일 때는 증권사가 리스크를 지지 않도록 유지증거금을 1만 9,000원 이상으로 책정해야 합니다.

만약 은 가격이 올라서 2,000원이 되었습니다. 그런데 은 가격은 2,000원인데 유지증거금을 1만 9,000원으로 놔둔다면 이때 처음 투자하는 사람이 2,000원의 20배로 레버리지 투자를 하면 자기 돈 2,000원과 증권사 돈 3만 8,000원으로 투자하는 것입니다.

이 상황에서 유지증거금까지는 강제로 청산하지 않으니 다시 은 가격이 하락해서 1만 9,000원까지 내 투자금이 줄어들면 투자자 입장에서는 2만 1,000원의 손실을 보게 되었어도 애초에 내가 투자한 돈은 2,000원이니 증권사가 1만 9,000원의 손실을 보게 됩니다. 만약 돈을 갚으면 다행이지만, 그러지 못하고 파산해버리면 증권사는 빌려준 돈도 못 받고 큰 손실을 보게 되겠죠?

따라서 은 가격이 2,000원으로 올라가면 당연히 유지증거금도 3만 8,000원까지는 올려야 합니다. 반대로 만약 은 가격이 하락했는데 유지증거금을 그대로 놔둔다면 조그만 변동에도 많은 사람이 강제로 청산당해버리니 그것은 그것대로 또 문제가 되겠죠.

따라서 가격이 올라가면 증거금도 올라가고, 가격이 내려가면 증거금도 당연히 내려갑니다. 실제로 〈그림 56〉을 보면 가격이 올라가면 증거금도 따라서 올라가고 가격이 내려가면 증거금도 따라서 내려간다는 것을 알 수 있습니다.

두 번째로 가격 변동이 너무 심할 때 증거금을 조정합니다. 만약 −5%만 하락하면 바로 강제로 청산하도록 유지증거금을 정해두었는데, 순식간에 은 가격이 하락해서 강제 청산을 하기도 전에 −5%를 넘어가 버리면 증권사 입장에서는 또 큰 손해를 보게 되겠죠.

따라서 가격이 급변하면 유지증거금을 올려서 투자자가 파산하기 훨씬 전에 강제로 청산해서 증권사가 돈을 돌려받도록 할 수밖에 없습니다. 실제로 2008년의 금융위기나 2011년경에 은 가격이

고점에서 폭락했을 때, 그리고 2020년 3월에 코로나 팬데믹으로 인해 은 가격이 크게 하락했을 때 오히려 증거금은 인상되었습니다.

지금까지 증거금을 조정하는 이유에 관해서 충분히 설명해드렸습니다. 그리고 이를 통해서 증거금이라는 것이 정부나 어떤 세력이 은 가격을 조작하기 위해서 하는 행동이 아니라는 점도 충분히 이해하셨으리라 생각합니다.

5) 금 가격과 유지증거금

은 가격 외에 금 가격과 유지증거금의 관계는 어떨까요? 다음 그래프를 통해서 설명해드리고자 합니다. 다만, 결론부터 먼저 말씀드

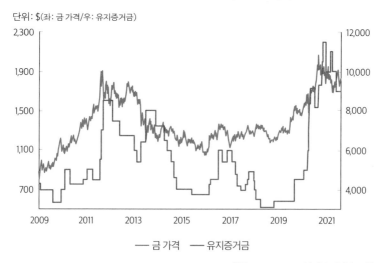

◦ 그림 57. 시대별 금 가격 및 유지증거금 변동 추이 ◦

단위: $(좌: 금 가격/우: 유지증거금)

— 금 가격　— 유지증거금

출처: stooq.com, 시카고 거래소 그룹

　골드플레이션

리면 금 가격과 유지증거금의 관계도 은 가격과 비슷합니다.

〈그림 57〉은 증거금과 금 가격의 변동을 겹쳐놓은 그래프입니다. 〈그림 56〉과 비슷한 패턴을 보입니다. 다만 금은 급격한 변동 자체가 워낙에 적다 보니 아주 가끔 금 가격이 가파르게 상승할 때나 증거금이 잠깐 요동치는 수준입니다. 이 외의 대부분은 금 가격의 움직임에 맞추어서 증거금도 자연스럽게 오르내린다는 것을 알수 있습니다.

6) 결론

결론적으로, 증거금과 금과 은 가격의 관계는 많은 사람이 주장하는 형태처럼 선후 관계로 움직이는 것이 아닙니다. 실제 데이터를 확인해보면 오히려 반대로 움직인다는 것을 알 수 있습니다.

즉, 증거금과 금과 은 가격의 관계는 은 가격이 너무 급격하게 올라서 증거금이 올랐던 것이지, 금과 은 가격을 억제하기 위해서 증거금을 올리는 것이 아닙니다.

· JP모건의 은 가격 조작

파트 2에서 말씀드렸던 대로 JP모건은 2011년부터 대량의 실물 은을 매집하고 있습니다. 그런데 JP모건이 이를 위해 강제적으로 은 가격을 억제한다는 주장이 있습니다. 실제로 JP모건은 귀금속 시장에서 스푸핑spoofing이라는 가격 조작 행위를 하다가 적발되어 약 1조 원의 벌금을 내기도 했습니다.

그래서 많은 사람이 JP모건이 실물 은을 매집하고자 선물 거래를 통해서 가격을 조작하고, 그로 인해 저렴한 가격에 실물 은을 인도받아서 대량으로 매집했다고 주장합니다.

이번에도 데이터 분석을 통해서 이 주장의 사실 여부를 확인해보겠습니다.

1) 실질 은 가격

먼저 이 주장이 사실인지를 확인하기 위해서는 지난 50년간 가격 조작 의심 부분을 제외한 은 가격 변동 추이를 따로 모아서 확인해야 합니다. 제외 방법은 이렇습니다.

일단 은 가격은 24시간 내내 변동하지만, JP모건이 가격을 조작한 후 실물 은을 구입했다면 뉴욕 상품 거래소Commodity Exchange, Inc., COMEX를 확인해야 합니다. 뉴욕 상품 거래소는 실물이 거래되는 거래소이자 세계에서 가장 큰 상품 거래소이기 때문입니다. JP모건이 가격을 조작했다면 뉴욕 상품 거래소가 열린 시간에 조작했을 것입니다.

따라서 이 시간대의 은 가격 변동 부분을 제외하면 가격 조작이 없는 은 가격 변동 데이터를 구할 수 있습니다. 뉴욕 상품 거래소는

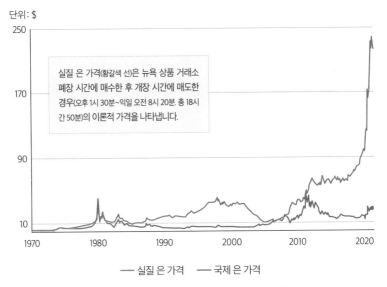

∘ 그림 58. 50년간 은 가격 변동 추이 ∘

단위: $

실질 은 가격(황갈색 선)은 뉴욕 상품 거래소 폐장 시간에 매수한 후 개장 시간에 매도한 경우(오후 1시 30분~익일 오전 8시 20분. 총 18시간 50분)의 이론적 가격을 나타냅니다.

—— 실질 은 가격   —— 국제 은 가격

출처: goldchartsrus.com

현지 시각을 기준으로 오전 8시 20분부터 오후 1시 30분까지 열리는데요. 이 시간 동안의 변동 부분을 제거한 후 은 가격을 표시하면 다음과 같은 그래프를 만들 수 있습니다.

〈그림 58〉은 앞서 말씀드린 방식을 적용해 50년간의 은 가격을 구해서 만든 그래프입니다. 여기서 황갈색 선은 가격 조작이 없는 진짜 은 가격이고 회색 선은 현재 국제 은 가격입니다.

재미있는 점이 하나 있습니다. 앞서 말씀드렸던 대로 은의 슈퍼 사이클에서는 실질 은 가격도 국제 은 가격을 그대로 쫓아갑니다. 그러나 슈퍼 사이클을 지나고 어느 시점을 지난 후부터는 실질 은 가격은 꾸준히 오르거나 적어도 떨어지지는 않는데, 이 그래프를 보면 국제 은 가격만 떨어지는 흐름이 계속해서 반복됩니다.

확실히 이것은 우연이라고 보기에는 어렵습니다. 왜냐하면 〈그림 58〉의 제목처럼 50년이라는 긴 기간 동안 이렇게 일관된 패턴을 보일 확률은 매우 낮기 때문이죠. 합리적으로 생각해보면 충분히 의도적인 개입이 있다고 의심해볼 수는 있겠습니다. 왜냐하면 슈퍼 사이클은 뉴욕 상품 거래소의 운영 시간과는 상관없이 똑같이 움직이는데, 슈퍼 사이클을 조금만 지나면 바로 다른 양상을 보이기 때문이죠. 가격이 본격적으로 오르기 시작할 때 팔기 위해서 가격을 억제하며 매집한 것인데, 굳이 강세장에서도 가격 조작을 할 이유는 없을 테니까요.

2) 주장의 사실 여부

〈그림 58〉을 보면 특이한 점이 하나 더 있습니다. 1998년경의 실질적인 은 가격은 약 40달러까지 상승했는데요. 그 이후로 2011년의 은 가격도 그 지점까지만 상승했다는 점입니다. 따라서 이 패턴이 만약 가격 조작으로 이루어진 것이라면 이번 슈퍼 사이클에서 은 가격은 최소한 226달러까지는 상승할 수 있을 것입니다.

물론 여기까지만 보면 정말 JP모건이 실물 은을 매집하기 위해서 선물 거래를 통해 은 가격을 조작한다고 생각할 수도 있습니다. 그러나 우리가 앞에서도 보았다시피 JP모건이 은을 매집한 시점은

2011년부터였습니다. 그런데 그래프에서는 1980년대 말부터 특이 현상이 발생했죠.

결국 이 주장도 완벽하게 증명할 수 있는 주장이라고 보기는 어렵습니다. 그래서 금과 은에 투자할 때는 이런 것에 신경 쓰기보다는 금과 은의 본질에 집중해서 투자 판단을 내리는 것이 가장 중요합니다.

Chapter 7

금 투자에 관한 속설

• 관심 과열과 금 가격의 상관관계

존 케네디[John Kennedy] 대통령의 아버지이자 월스트리트의 유명한 투자자였던 조지프 케네디[Joseph Kennedy]가 어느 날 구두를 닦으러 갔을 때의 일입니다. 그의 구두를 한창 닦아주던 구두닦이 소년이 케네디에게 주식 투자에 관한 조언을 건넸습니다. 이 말을 들은 케네디는 구두닦이 소년마저 주식에 손을 댈 정도면 모든 사람이 너나 할 것 없이 주식 시장에 뛰어드는 상황, 즉 주식 시장의 상승이 끝자락에 와있다고 판단해서 본인이 갖고 있던 모든 주식을 처분했습니다.

골드플레이션

곧이어 1929년 10월 미국 역사상 가장 큰 경제위기인 대공황이 터졌지만, 그는 대폭락을 모면할 수 있었습니다. 이 이야기는 투자에 관한 통찰을 보여주는 이야기로 아직도 세간에 회자되는 이야기입니다.

우리나라에도 이와 비슷한 투자 관련 속설이 있습니다. "증권가 객장에 아이 엄마가 나타나면 고점이다." "증권가 객장에 아줌마가 쌈짓돈을 들고 나타나면 고점이다." 등이 이야기입니다. 이런 이야기는 모두 '너무 많은 사람의 관심이 쏠리는 시장은 그만큼 과열되었다는 뜻이므로 고점이라고 봐야 한다'라는 것을 알려주는 이야기입니다.

실제로 주식이나 모든 투자 자산은 가격이 오르면 뉴스에도 많이 나오면서 사람들의 관심이 쏠립니다. 그렇게 되면 이때가 고점이라고 주장하는 사람들도 항상 나옵니다. 상황이 이렇게 되면 투자 시 확신이 부족한 투자자는 아무리 좋은 조언을 들어도 왠지 지금이 고점일 수도 있다는 생각에 본인의 자산을 매도해버리거나 혹은 매수하려고 했던 것을 미루는 식으로 이성적인 판단을 못 합니다.

투자할 때는 이처럼 모호한 기준으로 판단하는 것도 잘못된 일이지만, 사람들의 높은 관심이 가격에 영향을 미치는지 실제로 확인해보지 않고 섣부르게 판단하는 것도 정말 잘못된 일입니다. 따라서 이번에는 금에 관한 관심이 실제로 금 가격에 어떤 영향을 미치는지를 알려드리도록 하겠습니다.

· 검색량과 금 가격 비교

먼저 '금'이라는 것은 우리나라만의 투자 자산이 아니라 전 세계적으로 수천 년간 가치를 인정받은 자산입니다. 따라서 'GOLD'라고 구글에서 검색한 결과를 데이터화한 뒤 이것을 금 가격과 겹쳐서 그래프로 만들어보았습니다.

그래프를 확인하기 전에 먼저 말씀드려야 할 것이 있습니다. 정말로 저 논리가 사실이라면, 금 가격이 가장 높았던 시기에는 검색량이 가장 많아야 하고, 금 가격이 바닥을 기록했을 때는 금에 관한 키워드 검색량이 가장 낮아야겠죠? 그럼 다음의 그래프를 통해서 실제로 그런지 확인해보겠습니다.

◦ 그림 59. 시대별 금 가격 및 검색량 변동 추이 ◦

단위: $(좌: 금 가격)/검색량(우: 2008년 8월을 100으로 기준을 설정했을 때)

출처: stooq.com, 구글 트렌드Google Trends

골드플레이션

〈그림 59〉에서 황갈색 선은 금 가격 변동 추이고 회색 선은 'GOLD'의 검색량 변동 추이입니다.

'GOLD' 검색량이 가장 높았던 2008년 8월과 9월의 금 가격을 보면 고작 상승 추세의 절반도 안 되는 시점입니다. 그리고 금 가격이 최고점이었던 시점의 'GOLD'의 검색량은 최저 수준인데요.

만약 투자자가 앞의 논리를 맹신했다면 2008년에 금을 모두 팔고 그 이후에는 폭발적으로 상승하는 금 가격을 바라보고만 있었겠죠? 하지만 실제로 데이터를 확인해보면 금에 관한 관심은 금 가격의 위치와는 전혀 상관없다는 것을 알 수 있습니다.

결국 투자할 때는 항상 정확한 정보를 바탕으로 판단해야 하고, 주변의 속설이나 의견에 휘둘리기보다는 투자를 시작한 근본적인 이유에 항상 집중하며 투자를 지속하는 것이 가장 중요합니다.

Chapter 8

금과 은의 고갈 우려

• 자원 고갈 문제

인류의 오랜 역사 속에서 항상 돈으로 사용된 것을 꼽으라고 하면 바로 금과 은을 꼽을 수 있습니다. 금과 은이 돈으로 사용될 수 있었던 가장 큰 이유는 매장량의 한계, 즉 한정성 때문입니다. 따라서 언젠가 지구에 묻혀있는 금과 은을 모두 다 채굴하면 더 이상 채굴할 수 없는 날이 올 수밖에 없습니다. 이는 부정할 수 없는 사실입니다. 그렇다면 현재 매장된 금과 은의 총량은 어느 정도이고 1년에 얼마나 채굴할 수 있으며 앞으로 고갈까지는 몇 년 정도가 남았을까요? 이번 챕터에서는 금과 은의 고갈 우려에 관해 말씀드리고자 합니다.

· 은의 고갈 시기

일단 먼저 은의 고갈 문제에 관해서 알아보겠습니다. 미국 지질조사국United States Geological Survey, USGS의 2020년 은 매장량과 생산량에 관한 보고서에 따르면 전 세계의 은 매장량은 약 56만 톤이라고 합니다. 저도 따로 조사해보았는데요. 조금 더 자세하게는 약 56만 3,000톤인 것을 확인했습니다. 즉, 이 56만 3,000톤의 은을 다 채굴하는 순간 지구의 은은 고갈된다는 것을 알 수 있죠. 그렇다면 전 세계의 1년간 은 채굴량은 얼마나 될까요?

자료를 확인해보면 2018년에는 약 2만 6,900톤, 2019년에는 약 2만 7,000톤으로 매년 대략 2만 7,000톤씩 채굴한다고 볼 수 있습니다. 물론 앞으로는 기후 위기와 제4차 산업혁명으로 인해 은의 수요가 훨씬 더 증가하겠지만, 일단 현재 사용 및 채굴 속도로만 계산하더라도 1년에 약 2만 7,000톤씩 캐낸다면 21년쯤 후에는 약 56만 3,000톤을 전부 채굴하게 됩니다. 게다가 앞으로 은 수요는 더욱더 증가할 수밖에 없으므로 실제로는 이보다 훨씬 더 빠른 속도로 고갈될 것이 분명합니다.

· 금의 고갈 시기

다음으로 금은 어떨까요? 금의 남은 매장량은 약 5만 7,000톤으로 추정됩니다. 그리고 매년 광산에서 채굴하는 금의 양은 약 3,500톤입니다. 따라서 금은 단순 계산식으로는 약 16년 뒤에 고갈됩니다. 물론 금 또한 실제로는 이보다 더 빨리 고갈될 것입니다.

· 금과 은 고갈

제가 초등학교에 다니던 약 20년 전에 학교 선생님께서 앞으로 20년 뒤에는 석유가 고갈될 거라는 말씀을 하셨던 적이 있습니다. 아마 여러분도 이런 내용을 한 번쯤은 들어보셨을 것입니다. 그런데 20년이 지난 지금에 와서 보면 전 세계는 아직도 석유를 많이 사용하고 있습니다. 게다가 모자라는 정도가 아니라 오히려 그때보다도 매장량이 훨씬 더 많다고 이야기합니다. 앞으로 최소한 40년 이상은 석유 고갈 문제로부터 자유로울 정도로 매장량이 많습니다. 결국 석유 고갈 논의는 이처럼 세월이 지나면서 자연스럽게 해결되었습니다.

석유 고갈 논의처럼, 금과 은도 막상 시간이 지나면 추가 생성과 채굴 기술력의 발전 덕분에 고갈되지 않으리라고 생각하는 사람들이 있습니다.

골드플레이션

그러나 금과 은은 다른 자원들과 근본적으로 다르다는 점을 명심해야 합니다. 석유와 같은 에너지 자원들은 유기물들이 퇴적층에 쌓이면서 생성되기에 세월이 지날수록 추가적인 양이 계속해서 생겨납니다.

하지만 금과 은은 다릅니다. 금과 은은 별이 폭발하는 빅뱅이 발생할 때 생겨납니다. 게다가 금과 은은 매우 무거운 원소들이라 대부분 행성의 중심부에 있습니다. 따라서 우리가 캘 수 있는 금과 은은 아주 극소수이며 내핵을 뚫고 캐지 않는 이상, 더 이상 추가로 채굴할 수 있는 금과 은은 없습니다.

혹시라도 나중에 내핵을 뚫고 채굴할 수 있는 기술이 나오리라고 말씀하실지도 모르겠네요. 일단 인류 역사상 가장 깊이 뚫은 길이를 말씀드리겠습니다. 약 12㎞입니다. 지구의 껍데기인 지각만 해도 약 50㎞이고 지각을 뚫었다고 하더라도 핵으로 들어가기 전에 있는 맨틀의 두께가 약 2,900㎞입니다. 결국 사실상 내핵까지 들어가는 것은 불가능하다고 생각하시면 됩니다.

그렇다면 우리가 채굴할 수 있는 금과 은의 양은 정해져 있고, 빅뱅이 일어나 우주가 재창조되지 않는 이상 금과 은은 더 이상 생성되지 않는다고 봐야 합니다. 남은 방법이라면 금덩어리로 된 소행성을 찾아서 우주선으로 채취해오는 방법을 생각해볼 수 있겠지만, 이 역시 아직은 너무 공상과학적인 이야기죠. 즉, 결론은 금과 은은 결국 고갈된다는 것입니다.

· 고갈 이후

세월이 지나서 금과 은이 고갈되면 어떻게 될까요? 사실 고갈된다고 해서 큰일이 일어나지는 않을 것입니다. 일단 이미 채굴되어서 시중에 돌아다니는 금과 은이 매우 많습니다. 게다가 금과 은은 석유처럼 한 번 사용하면 없어지는 것이 아니라 수백 년, 수천 년이 지나도 다시 쓸 수 있는 불변성을 갖고 있어서 계속 재활용하며 쓸 수 있습니다.

특히 은의 재활용률은 지금보다 더 높아질 것입니다. 금은 가격 자체가 비싸서 금이 포함된 폐가전제품들은 대부분 소위 '도시 광산'이라 불리는 폐가전제품 회수 기업에 입고된 뒤, 해당 업체에서 금을 추출해서 재사용합니다.

이때 금이 포함된 제품들에 은이 붙어 있을 경우 은도 같이 추출하지만, 그렇지 않다면 상대적으로 값이 싼 은만을 추출하려는 사람은 많이 없는 편이라 은은 금보다 훨씬 재사용률이 낮은 것이 사실입니다. 그러나 은의 공급이 부족해지면 은 가격이 상승하면서 생산 단가도 올라갈 것이고, 재활용되는 은의 양도 지금보다 더욱 증가할 것입니다.

또한, 금과 은의 대부분은 투자 수요로 쓰인 만큼, 앞으로 수많은 컴퓨터, 반도체, 전기차, 태양광 자원 등 여러 곳에 사용되어도 충분히 감당할 수 있을 만큼 투자용 제품이 많이 남아있습니다.

즉, 금과 은은 매장량이 고갈되더라도 가격이 상승하면 재활용 되는 양도 늘어나고 투자용 제품도 매물로 나와서 산업적 수요를 감당하게 될 것이기에 큰 문제는 없을 것으로 보입니다.

금과 은 투자가 답이다

2019년, 저는 3년 차 투자자였습니다. 당시는 다양한 경제 지표가 경제가 위기라는 경고를 알리던 시기였습니다. 이런 상황에서 저는 경제위기 리스크를 어느 정도 대비하기 위해 제 투자 포트폴리오에 변화를 줄 필요가 있다고 느꼈습니다. 그래서 '경제위기 시기에는 무엇에 투자하지?'라고 고민하다가 두 가지를 떠올렸습니다. 바로 '금'과 '달러'였습니다.

달러는 사실 지금도 세간의 인식처럼 아주 당연한 투자 자원입니다. 게다가 투자하는 데 크게 어려운 점도 없어서 수월하게 투자 결정을 내릴 수 있었습니다.

반면에 금은 실제로 깊이 생각해보니 그간 제가 너무 무지했다는 것을 깨달을 수 있었습니다. 그동안 그저 안전자산이라고만 생각하고 정확하게 어떤 자산인지, 어떻게 투자해야 하는지에 관해서는 아는 것이 거의 없었기 때문입니다. 그래서 이때부터 금에 관심을 두기 시작했습니다.

처음으로 금에 관심이 생겼을 때는 다른 사람처럼 유튜브에 '금 투자'를 검색해서 영상을 보고 인터넷 자료도 보았습니다. 그런데 참 재미있는 점은 다들 비슷한 내용만 말한다는 점이었습니다.

"경제위기일수록 금을 사야 합니다."

"돈이 늘어나면 금의 가치가 올라갑니다."

"그래서 금리를 인하하면 금을 사야 합니다."

"반대로 금리를 인상하면 돈이 줄어들고
무無위험자산의 수익률이 올라가니
금의 매력이 떨어져서 금 가격도 떨어집니다."

그런데 정말 충격이었던 것은 다들 강조해서 말하는 이 내용을 실제로 제가 직접 확인해보니 거의 다 틀린 말이었다는 점입니다. 자료를 직접 찾아보고 비교 및 분석해보니 경제위기가 왔을 때 오히려 금 가격은 거의 항상 하락했습니다. 또한, 금리가 상승했던 기간 동안 금 가격은 대부분 하락하기보다는 상승하거나 보합^{保合} 양상을 보였습니다.

이런 상황을 겪어보니 금과 은 투자에 관한 실제 진실을 더 알고 싶다는 마음이 들었습니다. 그래서 금과 관련된 서적을 찾아서 읽어보고 해외 유튜브나 해외 금 관련 커뮤니티의 글들까지 모조리 살펴보았습니다. 하지만 여기서도 대부분 우리나라의 투자자들과 비슷한 내용을 말하고 있었습니다. 심지어 해외 금과 은 관련 전문 서적도 그랬습니다.

물론 그런 와중에도 깊은 통찰과 객관적 사실을 통해 올바른 금과 은 투자 방법을 알려준 미국 금융 전문가 제임스 리카즈^{James Rickads}, 마이크 멜로니^{Mike Meloney}, 국내 최초 실물 금은 거래 플랫폼 트레이드 아크의 실버아크^{Silver Ark}와 같은 분들 덕분에 한편으로는 금과 은 투자에 관해서 제대로 이해하고 공부할 수 있었습니다.

결국 이때부터 저는 세상에 알려진 금과 관련된 모든 정보를 직접 분석해서 올바른 정보인지 손수 검증하기 시작했습니다. 또한, 각종 논문을 토대로 금에 투자할 때는 어떤 정보를 살피고 분석해야 하는지, 무엇이 중요한지도 공부하고 연구했죠.

그렇게 제대로 된 정보를 축적하고 보니, 지금 이 시기에는 바로 금과 은에 투자해야 한다는 것을 깨달았습니다. 이 책에서 여러 번 말씀드렸던 슈퍼 사이클이 시작될 징후가 곳곳에서 보였기 때문입니다. 그리고 마침내 실질금리가 마이너스가 되면서 금과 은의 슈퍼 사이클이 시작되었습니다.

저는 바로 종로로 달려가 아침부터 늦은 오후까지 종로에 있는 모든 금은방을 돌며 발품을 팔아서 저렴하게 실버바를 구입했습니다. 그리고 그 과정에서 인터넷을 아무리 뒤져도 알 수 없었던 '금과 은을 어디서 사야 싸게 살 수 있는지?' '어떻게 팔아야 비싸게 팔 수 있는지?' 또 '실버바보다 훨씬 저렴한 투자용 은 제품이 있는지?' 등 금과 은 투자의 실전 정보까지 추가로 알게 되었습니다.

이런 여러 과정을 직접 경험하며 제가 깨달은 사실은 지금까지 금과 은 투자에 관한 정보는 극소수의 사람들에게만 편중되어 있어서 대부분의 투자자는 정보를 얻지 못해 막대한 손실을 보며 투자하고 있다는 사실이었습니다.

결국 금과 은에 제대로 투자하려면 세상에 널리 퍼진 잘못된 정보들을 직접 검증하고 또 극소수의 사람에게만 편중된 실질적인 금과 은의 진정한 투자 방법들을 알아야만 합니다. 그래야 잘못된 판단을 내리지 않고 비효율적인 투자를 하지 않을 수 있습니다.

일반적인 투자자들은 단순히 '유명 유튜버가 말하는 정보니

까…' '종로에서 발품을 팔아서 실전 정보를 체득하기에는 시간상 어려우니까…' 등 여러 가지 이유로 지금도 잘못된 방식으로 금과 은 투자를 하고 있습니다.

그래서 저는 금과 은 투자에 관심을 가진 사람들이 올바른 정보로 투자 지식을 쌓고 효율적인 투자 방법으로 투자할 수 있도록 제가 분석하고 연구한 모든 내용을 꼼꼼하게 정리하고, 여기에 더해서 저보다 깊은 통찰을 갖고 계신 분들의 도움을 바탕으로 금과 은 투자에 관한 책을 펴내야겠다고 생각했습니다. 이 책의 목적은 바로 여기에 있습니다.

지금까지 이 책을 통해서 금과 은 투자에 관해 제가 알려드릴 수 있는 모든 것을 말씀드렸습니다. 금과 은 투자에 관심을 가졌던 분들, 가진 분들, 가지게 될 모든 분에게 이 책이 금과 은 투자의 바이블이 된다면 정말 뿌듯할 것입니다.

끝으로, 이 책을 읽어주신 독자 여러분, 그리고 원고 감수와 조언을 아끼지 않으신 금은 거래 플랫폼 트레이드 아크의 실버아크님께 감사의 말씀을 전합니다.

골드플레이션

초판 1쇄 발행 2022년 8월 24일
초판 3쇄 발행 2025년 1월 13일

지은이 양베리(조규원)
브랜드 경이로움
출판 총괄 안대현
편집 김효주, 심보경, 정은솔, 이제호
마케팅 김윤성
표지디자인 김예은
본문디자인 김혜림

발행인 김의현
발행처 사이다경제
출판등록 제2021-000224호(2021년 7월 8일)
주소 서울특별시 강남구 테헤란로33길 13-3, 7층(역삼동)
홈페이지 cidermics.com
이메일 gyeongiloumbooks@gmail.com (출간 문의)
전화 02-2088-1804　**팩스** 02-2088-5813
종이 다올페이퍼　**인쇄** 재영피앤비
ISBN 979-11-92445-06-9 (03320)